LA CHINE

ET

LE MONDE

Étude des questions politiques, diplomatiques, économiques, juridiques et sociales, publiée avec la collaboration des anciens Élèves et Élèves Chinois de l'École Libre des Sciences Politiques de Paris.

TOME II

PARIS

LES PRESSES UNIVERSITAIRES DE FRANCE
49, BOULEVARD SAINT-MICHEL, 49

LA CHINE

ET

LE MONDE

LA CHINE

ET

LE MONDE

Étude des questions politiques, diplomatiques, économiques, juridiques et sociales, publiée avec la collaboration des anciens Élèves et Élèves Chinois de l'École Libre des Sciences Politiques de Paris.

TOME II

PARIS

LES PRESSES UNIVERSITAIRES DE FRANCE

49, BOULEVARD SAINT-MICHEL

—

1926

INTRODUCTION

La véritable amitié entre les individus
doit se baser sur leur compréhension
mutuelle; la meilleure garantie de la
paix internationale doit se fonder également sur la compréhension mutuelle
entre les Etats. Ce n'est nullement par la
puissance de l'armée, de la marine et de
l'aviation que l'on pourra arriver à
garantir éternellement cette paix internationale à laquelle aspire, auourd'hui
comme hier, l'humanité. La Collection
« La Chine et le Monde », âgée de plus
d'un an, est animée de cet état d'esprit;
elle n'a, pour but principal, comme nous
l'avons maintes fois affirmé, que le seul
souci de faire connaître *la stricte vérité*,
à l'opinion étrangère, au sujet des questions ayant trait aux relations entre la

Chine et le reste de l'univers, et de prêcher une étroite et saine collaboration entre tous les pays vraiment démocratiques pour empêcher les nations belliqueuses d'abuser de leur force et pour soulager les souffrances des autres peuples afin que tout le monde puisse travailler à l'évolution et à la fusion bienfaitrice des différentes Civilisations de la terre. Dès sa parution en 1925 dans la Capitale Française, le premier tome de « La Chine et le Monde » a eu le très grand honneur de voir sa voix entendue dans tous les pays où il est entré, et spécialement en Chine et en France d'où nous avons reçu de très nombreuses lettres de félicitations et de sympathie, tant du côté le plus officiel que du côté le plus intellectuel ; nous nous excusons de ne pouvoir citer l'un après l'autre les noms de ces hommes éminents dont nous garderons un inoubliable souvenir, et auxquels nous sommes heureux d'exprimer ici nos sincères et chaleureux remerciements.

Si la parution du Premier Tome de notre collection a fâcheusement coïncidé avec le massacre, le 30 mai 1925 et les jours suivants, de la jeunesse chinoise à Shanghaï et dans d'autres villes de notre pays, par la police du Royaume Insulaire de l'Occident, l'Angleterre, la mise sous presse de ce Second Tome n'a pas moins le malheur de se voir immédiatement précédée par l'occupation injustifiable de notre grande ville de Moukden par les troupes de l'empire également insulaire de l'Orient, le Japon; tous les deux, aussi bien ce dernier que la Grande-Bretagne, sont venus, casque en tête, fusil sur l'épaule, bombes à la main, mitrailleuses à dos de cheval, canons sur l'affût, jusque sur le territoire chinois pour tuer à plaisir les Chinois, pour réclamer le respect de leurs propres lois nationales, pour intensifier et prolonger la guerre civile si elle existe, et pour la provoquer s'il n'y en a pas ; tout celà n'a pu cependant empêcher les presses étrangères parmi lesquelles se trouvent même quelques grands organes d'information de la France républicaine et démocratique, de reprocher au peuple chinois de ne pas avoir reçu à bras ouverts ces messieurs anglo-japonais, de leur avoir résisté patriotiquement et d'avoir eu du nationalisme et du soi-disant xénopho-bolchevisme, alors que chez les Grandes Puissances, la moindre offense de la part des étrangers ou des nations étrangères peut soulever le chauvinisme et toutes sortes de représailles. Nous espérons qu'à l'avenir tous les pays du monde, s'ils veulent devenir chacun un élément de la paix générale et un ami de la Chine, grande mais pacifique, comprendront mieux cette grande doctrine de Richelieu « Aucune nation, si forte qu'elle soit, ne saurait demeurer l'alliée ou l'amie de peuples étrangers qu'à la condition de les traiter avec justice et générosité. »

Le communisme, installé officiellement en Russie depuis 1917, est-il vraiment un phénomène nouveau dans la vie politique et sociale de tous les peuples du

Monde? Si l'on peut y répondre par l'affirmative pour les Nations de l'Occident, il n'en est pas de même pour la Chine, vieille de cinq mille ans. Nous avions étudié et même pratiqué le communisme sans l'avoir ainsi appelé avant l'ère chrétienne; quiconque des Européens connaît suffisamment l'histoire de la Chine peut en témoigner. Il est donc très incompréhensible de constater que les presses britanniques, suivies par la plupart de celles de l'Europe continentale et de l'Amérique nous ont accusés et nous accusent encore avec une violence inouïe depuis les incidents de Shanghaï du 30 mai 1925, de vouloir importer le communisme russe pour nous libérer de toutes les restrictions internationales et menacer la civilisation européenne. Quelle drôle de façon de discréditer les autres! Si l'Europe, ou mieux encore l'Europe occidentale a peur d'être atteinte de la maladie contagieuse du communisme ou bolchevisme moscovite, nous autres Chinois, nous n'avons rien à craindre de cette doctrine et savons parfaitement sa valeur, l'ayant connue et pratiquée à l'époque la plus reculée. Si nous désirons recouvrer nos droits matériels et moraux perdus à la suite de guerres sanglantes qu'on nous a imposées, nous avons bien d'autres moyens que celui que nous offre la Russie, pour laquelle notre peuple n'a, en principe, aucune sympathie particulière. N'est-ce pas, ce n'est pas la Chine qui a reconnu la première l'U.R.S.S. ! N'est-ce pas, ce n'est pas la Chine qui a reçu la première un ambassadeur rouge dans sa capitale ! N'est-ce pas, en Chine qu'on peut trouver un parti communiste officiellement représenté au Parlement ! N'est-ce pas, ce n'est pas la Chine qui a eu un ministère travailliste ! N'est-ce pas, ce n'est pas la Chine qui possède la plus nombreuse population ouvrière chez laquelle la doctrine bolcheviste recrute ses partisans ! N'est-ce pas, ce n'est pas non plus en Chine qu'on a vu et qu'on voit les manifestations communistes les plus bruyantes !

Donc la Chine n'a pas la moindre envie

de se laisser aller au communisme russe lui-même. Si notre peuple se montre parfois quelque peu favorable au peuple russe, c'est parce que la Russie, à l'encontre de toutes les autres Grandes Puissances, nous a rendu, sans guerre, si peu que ce soit des droits qu'elle nous a enlevés antérieurement. *Si l'Europe veut bien gagner l'amitié de la Chine, élément éternel de la Paix des Peuples, elle n'aura qu'à avoir une attitude plus bienveillante à l'égard de nos revendications légitimes. Sinon, si l'intransigeance européenne envers nous devient trop forte, la sympathie du Peuple Chinois envers celui qui est plus disposé à lui rendre quelque service, même avec arrière-pensée, ira naturellement en augmentant. C'est dans un esprit sincère et humain que nous attirons l'attention de l'Europe sur cette question alarmante, de manière à ne pas laisser la vague rouge s'étendre depuis Léninegrad jusqu'à Hongkong à travers nous ne savons quelle grande étendue territoriale! Qu'on le sache tôt! Et qu'on ne le conjure pas trop tard!*

I

LES ARTICLES SPECIAUX

Mes Chers et Jeunes Compatriotes,

C'est avec un vif plaisir et une certaine fierté pour notre pays que j'ai reçu votre premier volume de « La Chine et le Monde ». Il est, en effet, émouvant pour tous les patriotes chinois de constater comment nos jeunes étudiants, qui se sont expatriés volontairement durant de longues années, bien loin de la mère-patrie, pour aller parfaire leur instruction et acquérir de nouvelles connaissances à l'étranger, se consacrent de tout leur cœur au bien du pays ; comment, malgré des études qui absorbent déjà presque tout leur temps, ils peuvent encore lutter avec force pour le maintien du bon renom de la patrie. «La Chine et le Monde» est la plus belle preuve de l'existence de ces cœurs chinois réellement patriotes. Cela démontre aussi combien la dignité chinoise s'est perpétuée dans nos jeunes générations, élite précieuse de l'avenir de la Chine. Cette dignité nationale chinoise se signale au monde sous bien des formes, « La Chine et le Monde » en est une des plus belles manifestations et même des plus hardies, pourrai-je dire, puisqu'elle tente d'éclairer l'opinion étrangère sur la réalité des faits en faisant entendre la voix chinoise.

Je vous apporte, mes chers amis, tout mon encouragement et vous félicite pour la grande œuvre que vous entreprenez. Au seuil du Second Tome de « La Chine et le Monde », permettez-moi de vous dire que votre tâche est des plus lourdes et des plus délicates qu'il soit, puisqu'elle touche directement à la politique de notre cher pays. Vous êtes jeunes, pleins d'enthousiasme, pleins de belles ambitions, mais craignez quelquefois la témérité en cette matière ; je vous parle sincèrement, en ami, mais aussi en vieux diplomate qui a vu et connu beaucoup de l'évolution de cette politique et je me rappelle toujours les paroles que me disait un jour Sir

Jordan, alors ministre d'Angleterre à Pékin, dans une conversation intime : « qu'après quarante ans de séjour en Chine, il éprouvait encore des difficultés à suivre notre politique ! » Mais je suis persuadé que l'ardeur de vos sentiments ne sera pas arrêtée par les obstacles : vous saurez vaincre les plus grosses difficultés, parce que vous avez la ferme volonté de voir la Chine tenir son rang de grande nation dans la communauté internationale, parce que votre amour pour notre pays fera de vous les artisans les plus sûrs d'une Chine noble et respectée.

Veuillez agréer.....

TCHENG LOH,
ministre de Chine à Paris.

LA CHINE ET SES TRAITÉS

Un incident dans une manufacture où les ouvriers réclament des salaires plus élevés et un repos plus long, une manifestation d'étudiants sympathisant avec les grévistes et se déroulant paisiblement dans la rue, tout cela est commun dans un pays quelconque, pour ne pas dire journalier en Europe. Pourtant, ces faits ont causé, en Chine, une collision sanglante, et menacent de provoquer un choc formidable entre les races, si on n'y prend pas garde.

Comment cela est-il possible, se demande-t-on? C'est que le régime sous lequel vivent les étrangers et nos nationaux est devenu intolérable.

De véritables campagnes de calomnies ont été menées en Europe, contre notre

Pays. S'il fallait en croire nos détracteurs, nous serions des Bolchevistes convaincus, de nouveaux « Boxers », indignes de toute considération et ils ne trouvent pas de termes assez outrageants, assez injurieux pour nous discréditer aux yeux de tout l'univers.

J'ai le regret de devoir le constater; nos compatriotes ont été profondément attristés autant qu'indignés de ces accusations injustifiées, portées sur un peuple tel que le nôtre, qui n'a rendu que des services à l'humanité.

Chacun jette sa pierre dans notre jardin, et ceux-là mêmes qui reçurent en Chine l'hospitalité la plus large et la plus bienveillante, croient acquérir prestige et renommée, comme orientalistes, en criant bien haut que notre race n'est pas une race, que notre nation n'est pas une nation, et en prédisant notre fin prochaine, comme ce fut le cas pour les Peaux-Rouges.

L'histoire impartiale saura fixer la responsabilité de ceux qui tentent ainsi de creuser un fossé profond entre les deux civilisations de l'Orient et de l'Occident qui devraient — au contraire — se combiner et se compléter l'une l'autre.

Dans toute cette boue répandue sur nos revendications les plus légitimes, une calomnie particulièrement odieuse doit être relevée; certains prétendent que le mouvement actuel n'a qu'un but: permettre à notre gouvernement de renier les engagements financiers que nous avons pris vis-à-vis des Etrangers.

Je crois pouvoir affirmer, sans crainte d'être démenti par aucun de mes concitoyens que ni le gouvernement, ni le peuple chinois n'ont la moindre idée de ne pas faire honneur à leur dette.

Cette tentative de déconsidérer — intentionnellement — un peuple comme le nôtre, est réellement révoltante. Imbu de la doctrine de Confucius qui place la bonne foi au-dessus de toute autre vertu, le Peuple chinois ne saurait laisser passer cette grossière injure sans la relever.

Interrogé en effet sur les principes poli-

tiques qui doivent présider à la conduite
des Affaires de l'état, notre grand Sage a
répondu qu'il fallait armer le peuple
pour lui permettre de se défendre s'il est
attaqué, constituer des approvisionne-
ments pour le nourrir en cas de famine et
respecter les engagements pris, et que, s'il
se trouvait dans l'obligation de renoncer
à deux des principes essentiels, l'État devrait passer outre aux deux premières
directives, *et sauvegarder jalousement la
dernière*.

Car, suivant Confucius, tout homme est
mortel, mais, si l'État ne professe pas,
avant tout, le respect de la parole donnée,
s'il ne tient pas ses engagements, il ne
pourra continuer d'exister.

C'est grâce à cet enseignement si hautement moral que nous n'avons pas abrogé,
jusqu'à présent, de notre propre autorité,
les traités et conventions qui nous placent
dans un état de servitude vis-à-vis de
l'Étranger.

Supportable jadis, cette servitude ne
l'est plus, maintenant que les contacts

entre nous et les étrangers sont devenus plus fréquents et plus directs. Il n'est pas nécessaire d'être Bolcheviste ou Xénophobe pour le comprendre.

Les demandes que nous formulons aujourd'hui ne sont d'aileurs pas nouvelles, elles remontent à tantôt un siècle, et nombreuses ont été nos tentatives pour obtenir la revision d'un état de choses incompatible avec les principes les plus élémentaires du droit International.

En mars 1878 — il y a près d'un demi-siècle — le gouvernement chinois adressait déjà aux Ministres chinois à l'étranger, une lettre circulaire très importante traitant de la revision éventuelle des traités, et leur demandant de faire des démarches auprès des Puissances.

« Les traités, y lisons-nous, peuvent être
» revisés tous les 10 ans, et les modifica-
» tions, additions ou abrogations à y
» apporter dépendent naturellement des
» Puissances contractantes. La première
» revision du traité avec la Grande-Bre-
» tagne a eu lieu à Pékin en 1869; mais le

» *Gouvernement de Londres refusa de*
» *ratifier les arrangements faits par son*
» *représentant en Chine,* et ce traité re-
» visé n'a jamais eu force de loi. Depuis
» un an, la revision du traité allemand
» est à l'étude, mais parmi les demandes
» du Ministre d'Allemagne, il y en a plu-
» sieurs auxquelles la Chine ne peut
» consentir, de sorte que, quoique l'on ait
» longuement discuté, l'on n'est arrivé à
» aucune solution. Dans cette question
» de revision des traités, un échange pré-
» liminaire de vues est de grande impor-
» tance. Le gouvernement pense qu'il y a
» quatre points principaux sur lesquels
» la Chine n'est pas encore parvenue à
» faire admettre ses vues. Ces points
» sont:

« 1° La question du transit des mar-
» chandises d'une province dans une
» autre;

« 2° Les droits de douanes intérieures
» (likin) ;

« 3° L'exterritorialité:

« 4º La clause de la nation la plus favo-
» risée.»

La note s'étend longuement sur la question des Douanes, puis, en arrivant à celle
de la Juridiction Consulaire, — la même
qui a provoqué les sanglants événements
de Shanghaï — elle s'exprime ainsi:

« En ce qui concerne la Juridiction
» Consulaire, l'exterritorialité de par les
» traités, les étrangers en Chine ne sont
» pas soumis à la Juridiction chinoise,
» c'est-à-dire qu'ils sont exterritorialisés.
» S'il s'élève des contestations entre eux,
» leurs autorités respectives doivent en
» connaître et décider; s'ils commettent
» un délit ou un crime, leurs autorités res-
» pectives doivent les punir d'après leurs
» lois nationales. Mais les étrangers de-
» mandent beaucoup plus que cela; ils
» interprètent le privilège de l'exterrito-
» rialité comme signifiant que, non seule-
» ment les autorités chinoises ne peuvent
» contrôler leurs actes, mais qu'ils peu-
» vent avec impunité, méconnaître et

» violer les lois chinoises. A cela, le Gou-
» vernement chinois ne peut consentir.
» La Chine n'a, par aucun traité, donné
» aux étrangers la permission de mécon-
» naître ou de violer les lois de la Chine;
» pendant qu'ils habitent la Chine, les
» étrangers sont tenus *d'observer les lois
» chinoises* tout autant que les Chinois
» eux-mêmes; ce que la Chine a concédé
» à ce sujet, dans les traités, c'est simple-
» ment que les délinquants soient punis
» par leurs autorités respectives, d'après
» leurs lois nationales. Par exemple, si
» la loi chinoise défend aux sujets chi-
» nois de passer par un certain chemin,
» les étrangers ne peuvent pas se baser
» sur l'exterritorialité pour prétendre
» passer par ce chemin défendu. S'ils en-
» freignent la défense et violent une loi
» chinoise, leurs autorités nationales
» doivent les punir d'après les lois ana-
» logues dans le code de leurs Pays.

« *En un mot, la vraie signification de la
» clause d'exterritorialité, n'est pas que
» l'étranger a toute liberté d'enfreindre*

» *les lois chinoises, mais que, s'il enfreint*
» *ces lois, il sera puni par les juges de sa*
» *nationalité.*»

On sait le chemin parcouru depuis dans la voie de la violation systématique des lois chinoises, et comment le régime des concessions a permis aux étrangers résidant en Chine de créer de véritables États souverains et indépendants à l'intérieur de l'État chinois, *qui lui n'est souverain et indépendant que de nom.*

Dans le Traité de commerce entre la Grande-Bretagne et la Chine, signé à Shanghaï, le 5 septembre 1902 et connu sous le nom de traité « Mackay », nous retrouvons les traces des mêmes desiderata du Gouvernement chinois et pour la première fois nous relevons une promesse de la revision des traités, notamment en ce qui concerne la question de l'exterritorialité.

En 1919, à la Conférence de la Paix, à Paris, la Délégation chinoise, s'appuyant sur les promesses solennelles faites à la Chine, lors de son entrée dans la Grande

Guerre aux côtés des Puissances Alliées et Associées, soumettait à la dite conférence, qui « cherchait à fonder l'édifice d'un monde nouveau sur les principes de justice, d'égalité et de respect de la souveraineté des Nations tels qu'ils avaient été exprimés dans les quatorze points du Président Wilson et acceptés par les Puissances », les questions à résoudre énumérées ci-après :

1° Renonciation aux zones d'influence ;

2° Retrait des troupes et de la police étrangères ;

3° Retrait des bureaux de poste étrangers et des stations télégraphiques et radiotélégraphiques étrangères ;

4° Abolition de la Juridiction Consulaire ;

5° Abolition des territoires cédés à bail ;

6° Restitution des concessions municipales étrangères ;

7° Autonomie en matière de tarifs douaniers.

Et tout en reconnaissant l'importance de ces questions, la Conférence regrettait de ne pouvoir les discuter, étant donné qu'elles n'étaient pas de sa compétence.

Enfin, à la conférence de Washington, le Dr Sze, au nom du Gouvernement chinois, proposait, pour être examinés et adoptés par la Conférence, les principes généraux suivants à appliquer dans les décisions prises sur les questions relatives à la Chine:

1° *a)* Les Puissances s'engagent à respecter et à observer l'intégrité territoriale et l'indépendance politique et administrative de la République Chinoise;

b) La Chine de son côté est prête à prendre l'engagement de n'aliéner ni de céder à bail aucune portion de son territoire ni de son littoral en faveur d'aucune puissance.

2° La Chine étant en plein accord avec le principe dit « de la Porte ouverte » ou de « l'égale opportunité » pour le commerce et l'industrie de toutes les nations ayant des relations par traités avec la Chine, est prête à accepter et à appliquer ce principe dans toutes les parties de la République Chinoise sans exception.

3° En vue de renforcer la confiance mutuelle, et de maintenir la paix dans le Pacifique, et dans l'Extrême-Orient, les Puissances conviennent de ne conclure entre Elles aucun traité ni accord affectant directement la Chine ou la paix de ces régions sans en faire, au préalable, notification à la Chine et lui fournir les moyens d'y participer.

4° Tous droits, privilèges, immunités ou engagements spéciaux, quels que soient leur caractère ou leur base contractuelle, revendiqués par l'une des puissance en Chine, devront être déclarés et toutes revendications de cette nature, présentes ou futures n'ayant pas été ainsi rendues publiques seront considérées comme de nul effet. Les droits, privilèges, immunités ou engagements actuellement connus ou qui doivent faire l'objet d'une déclaration, devront être soumis à un examen en vue de déterminer leur portée et leur validité et, s'ils sont proclamés valides, de les mettre en harmonie tant entre eux qu'avec les principes proclamés par la présente conférence.

5° Immédiatement ou aussitôt et aussi rapidement que les circonstances le permettront, les restrictions apportées actuellement à la liberté d'action de la Chine, en matière politique, juridictionnelle ou administrative devront être supprimées.

6° En ce qui concerne les engagements actuellement contractés par la Chine, sans limitation de temps, une durée déterminée, raisonnable et précise sera fixée.

7° Pour l'interprétation des textes accordant des droits spéciaux ou des privilèges, on appliquera le principe de droit commun d'après lequel les dits droits doivent être strictement interprétés dans le sens le plus favorable à celui qui les a concédés.

8° Les droits de la Chine en tant que puissance neutre devront être strictement

respectés au cours des guerres futures, auxquelles elle ne serait pas partie.

9° Des dispositions seront arrêtées pour le règlement pacifique des contestations internationales dans le Pacifique et dans l'Extrême-Orient.

10° Des dispositions seront arrêtées en vue de la réunion de conférences ultérieures, à tenir de temps à autre, pour discuter les questions internationales ayant trait au Pacifique et à l'Extrême-Orient, afin de servir de base à la définition, à leur égard, d'une politique commune des puissances signataires ».

Et M. Sze pouvait exprimer — au nom de la Délégation Chinoise — son appréciation sincère des sentiments de sympathie et d'amitié des différentes délégations à cette conférence, pour la Chine et ses propositions.

Mais, en somme, malgré les « accords de Washington » qui viennent d'être ratifiés et dont la Chine s'efforcera de tirer le meilleur parti possible, (elle a, d'ores et déjà, convoqué une conférence douanière internationale pour le 26 octobre 1925 à Pékin) très peu de résultats susbtantiels y étaient obtenus quant à une revision effective de son statut international.

Il n'y a donc rien de nouveau dans l'attitude de la nation chinoise.

Ni injures, ni menaces ne réussiront à donner le change et rien ne pourra empêcher, désormais, notre peuple de marcher à la conquête de ses droits méconnus.

Dans l'intérêt supérieur de l'humanité comme dans son intérêt, la Chine désire sincèrement un rapprochement et une collaboration de plus en plus intimes avec l'Europe, *mais ce rapprochement et cette collaboration ne pourront se réaliser qu'après l'abrogation des traités inégaux qui ont été imposés il y a presque un siècle.*

WANG KING KY
ministre de Chine en Belgique.

Septembre 1925.

LE MOUVEMENT DES BOXERS
EN CHINE
ET SES CAUSES PRINCIPALES

Les causes principaes du mouvement des Boxers, qui a eu lieu en Chine en 1900, ont été et sont encore aujourd'hui plus ou moins mal connues dans les pays d'Occident. Les relations entre la Chine et les pays occidentaux se développant de plus en plus, pour ne pas laisser le monde étranger se former une mauvaise opinion sur la moralité et l'hospitalité générales de la population chinoise, il est nécessaire et indispensable que nous fassions connaître exactement à toutes les classes de la population occidentale les vraies causes qui ont soulevé ce mouvement dans *certaines parties* de la Chine.

Etant un pays de plus de 11 millions de kilomètres carrés de superficie et de près de 500 millions d'habitants, extrêmement riche au point de vue agricole, et possédant une civilisation plusieurs fois millénaire, de laquelle découlent toutes les autres civilisations d'Extrême-Orient, la Chine ou le Céleste Empire n'a pas connu et n'a jamais voulu chercher à connaître d'autres pays. Les nations occidentales n'ont été connues de la Chine que peu à peu depuis le xvi° siècle. Ce sont les différents gouvernements étrangers qui l'ont pour ainsi dire forcée par la suite à avoir des relations extérieures, au fur et à mesure que leurs ressortissants pénétraient dans l'Empire du Milieu, de sorte que les étrangers ont toujours eu l'impression générale que la Chine était un pays conservateur qui refusait toute relation internationale, tout progrès scientifique venant des pays d'Occident. Aussi les étrangers sont-ils unanimes à dire, depuis ce triste mouvement des Boxers de 1900, que la population chinoise est animée d'un sentiment général de xénophobie.

Elle a encore été accusée, une fois de plus, d'avoir manifesté le même sentiment, lors des derniers événements de Shanghaï.

Etant citoyen chinois, grand ami de la France, et ayant passé la plus grande partie de ma vie en Europe, je ne puis laisser subsister ce malentendu sans faire tous mes efforts pour le dissiper. Je n'ai certes pas la prétention d'exposer ici en détail la triste histoire politique de notre pays, ni l'intention de vouloir reprocher leur conduite aux étrangers habitant la Chine, ni aux puissances étrangères ayant des relations avec elle. Je tiens tout simplement à mettre la société européenne, mal renseignée, au courant de ce qu'a été le véritable caractère du mouvement des Boxers, et de ses causes principales.

Ce mouvement a été dû à trois causes:

1° Propagande abusive de la religion chrétienne (catholiques et protestants);

2° Conduite des étrangers en Chine;

3° Oppression du Gouvernement Mandchou par les puissances étrangères.

1° PROPAGANDE ABUSIVE DE LA RELIGION CHRÉTIENNE
(CATHOLIQUES ET PROTESTANTS)

La société intellectuelle d'occident n'ignore pas que la propagande de la religion chrétienne a été pour les diverses puissances européennes, un des meilleurs moyens de pénétration de leur industrie et de leur commerce en Chine; il s'ensuivait que les missionnaires ont toujours eu aide et protection de leurs gouvernements; protection toujours demesurée, amenant souvent, peut-être intentionnellement, la transformation d'une question religieuse en une affaire politique. Je peux dire franchement que les missionnaires jouaient en Chine un rôle indirect d'agents diplomatiques. Ce rôle était certainement plus important que celui des agents diplomatiques mêmes, qui ne sont accrédités qu'auprès du Gouvernement Central de Pékin, tandis que les missionnaires ont pénétré dans toutes les provinces de la Chine, jusqu'au plus petit village. Ils étaient en relations avec toutes les classes de la population chinoise, notamment avec le peuple. Or, le peuple chinois était dans l'ensemble assez ignorant, tout en conservant une grande partie de la doctrine de Confucius, et croyait difficilement à une autre religion étrangère. Aussi arrivait-il souvent que les missionnaires employaient, pour leur propagande, certaines méthodes pratiques qui consistaient à protéger les intérêts matériels de ceux qui désiraient opter pour la religion chrétienne, et à les protéger eux-mêmes d'une façon absolue auprès des autorités du pays. Comme les missionnaires ont toujours voulu s'insinuer dans les rapports journaliers entre les habitants, il s'ensuivait que les chrétiens se trouvaient dans une situation bien privilégiée par rapport aux autres; il arrivait souvent, même toujours, que, lorsqu'un chrétien chinois était condamné par les autorités du pays pour un délit quelconque, les missionnaires trouvaient auprès des autorités le moyen de le faire mettre en liberté et *de lui faire gagner la cause.* On se demandera certes pourquoi les autorités du pays favorisaient ces actions, je répondrai que les missionnaires des villages étaient protégés par l'évêque de la province et celui-ci par l'évêque de Pékin, qui avait toujours l'appui assuré du corps diplomatique, tandis que les préfets chinois avaient toujours peur d'être licenciés par leur Gouverneur pour incapacité de régler leurs affaires départementales, à plus forte raison les questions religieuses. Car, par recommandation du Gouvernement de Pékin, tout fonctionnaire, quel que fût son grade, devait s'entendre avec les missionnaires, afin d'éviter autant que possible de transformer un litige religieux et régional en une affaire diplomatique. Il m'est malheureusement impossible d'exposer ici le détail du fonctionnement général de notre Gouvernement avant la République. Cependant, pour bien vous convaincre de l'importance du rôle que jouaient les mission-

naires en Chine avant 1900, je crois encore utile de citer un passage écrit par M. A.
Debidour, ancien professeur à l'Université de Paris, dans son ouvrage « Histoire
Diplomatique de l'Europe ; (première
partie, page 271.)

« Sur la demande du Ministre de
» France, Stéphen Pichon et du Prélat
» Favier, chef des Missions Catholiques
» françaises dans l'Empire, le Gouverne-
» ment chinois publia le 15 mars 1899 un
» édit réglant, à l'avantage de ces mis-
» sions, qui jouaient un rôle si impor-
» tant en Chine, les rapports du clergé
» catholique avec les autorités impé-
» riales. Cet édit reconnaissait officielle-
» ment aux évêques des prérogatives
» qui, vu l'importance qu'avait dans
» l'Empire du Milieu la question d'éti-
» quette, semblaient devoir leur assurer
» une grande puissance dans l'Éat. Il les
» plaçait en effet sur le même rang que
» les vice-rois et les gouverneurs des
» provinces. Leurs subordonnés obte-
» naient des assimilations analogues.

» Les relations devaient s'établir libre-
» ment entre fonctionnaires de rangs
» égaux; et les différends au sujet des-
» quels les dignitaires de l'Eglise au-
» raient des réclamations à adresser aux
» autorités chinoises, paraissaient de-
» voir leur permettre de lutter à armes
» égales avec ces dernières.»

Avec un peu de réflexion, on comprendra donc facilement pourquoi le Gouvernement de Pékin, par suite des tristes
souvenirs qui lui étaient restés de ses
relations diplomatiques, ne demandait
que la paix et la tranquillité, et pourquoi
les fonctionnaires connaissant la faiblesse générale de leur Gouvernement ne
tâchaient que d'être d'accord avec les missionnaires, en leur montrant la plus
haute courtoisie et la plus grande amabilité. Malheureusement, ces derniers ne
manquaient pas, à chaque occasion, de
profiter de cette faiblesse et d'abuser de
la situation. C'est ainsi qu'à la fin du
XIX⁰ siècle, le Gouvernement Mandchou
avait tous les jours à traiter des ques-

tions religieuses. Il est évident que cette manière d'agir ne pouvait que soulever une haine générale de la population contre les chrétiens, qu'ils fussent européens ou chinois. Lors de la révolution des Boxers, ceux-ci tirèrent non seulement sur les étrangers, mais aussi sur les Chinois chrétiens qui étaient en nombre infiniment supérieur à celui des étrangers...

2° — Conduite des etrangers en Chine.

En général, un homme bien élevé arrivant dans un pays étranger, commence par apprendre la langue du pays, par se mettre au courant de ses mœurs et de ses coutumes, par respecter la loi et la police, par se montrer particulièrement poli avec ses habitants, et chercher à s'assimiler leurs habitudes. Non seulement la dignité d'un homme lui recommande d'agir ainsi, mais son séjour s'en trouvera également plus agréable. Il est naturel que, dans un pays ayant ses traditions, ses coutumes, ses habitudes, sa civilisation, un étranger d'un continent différent, élevé d'une façon différente, ne peut les comprendre immédiatement; *mais, s'il n'admet pas la logique de ces principes, du moins il doit les respecter.*

Durant des dizaines de siècles, la Chine, qui représente le quart de l'humanité, semblait dormir, alors qu'elle évoluait en elle-même dans sa sphère philosophique et morale; elle a certainement suivi dans l'humanité une marche parallèle à celle de l'occident; dans le même temps, elle a développé sa civilisation comme l'occident a développé la sienne, mais nous sommes allés par des voies divergentes. La civilisation chinoise a négligé le côté scientifique, c'est-à-dire la force matérielle, qui est à la base de la civilisation occidentale. Aujourd'hui ces deux civilisations se rencontrent, alors est apparue la faiblesse de la civilisation chinoise.

Malheureusement, la Chine était peu connue des Occidentaux et considérée

comme un pays plus ou moins barbare ;
l'européen qui avait une situation sociale un peu élevée ou pouvait gagner sa
vie en Europe, ne désirait pas y aller, de
sorte que, autrefois, les étrangers en
Chine formaient en général une cohue
bariolée et disparate; la plupart étaient
peu intéressants, ils ne désiraient pas
apprendre la langue chinoise (qui n'est
pas si difficile qu'on le croit, surtout à
parler) ni respecter les habitudes du
pays; ils vivaient toujours entre eux, de
sorte qu'aucune relation amicale n'a jamais pu être nouée entre ces deux populations à tel point que cela est devenu
une habitude traditionnelle; aussi arrivait-il qu'un étranger eût des relations
amicales avec les Chinois, il n'était,
semble-t-il, pas très bien vu de ses compatriotes.

Si les étrangers en Chine avaient été
soumis à la juridiction du pays, cette
démarcation n'aurait pas laissé un souvenir aussi fâcheux; comme ils jouis-
saient, et jouissent encore, des privilèges

d'exterritorialité, il leur a été facile de commettre les actions les plus odieuses et les plus indignes aussi bien dans leur conduite personnelle que dans leurs rapports journaliers avec les indigènes. Dans un sincère esprit de ne pas soulever inutilement les mauvais souvenirs du passé, et considérant, au contraire, qu'il est de notre devoir de les faire oublier afin de rendre encore plus cordiales les relations sino-étrangères, nous ne nous permettrons pas de donner ici des faits dont nous avons été souvent les témoins oculaires, relatifs aux actes des étrangers dans la Chine d'autrefois. Cependant, on pourrait probablement nous dire que la faute en incombait à la Chine qui ne possédait pas de lois auxquelles les étrangers auraient pu se soumettre et qui les auraient empêchés de commettre des actes aussi répréhensibles, mais, il ne faut pas perdre de vue que la Chine a vécu durant quatre mille ans pour elle-même en elle-même et par elle-même, sans pouvoir juridique bien défini, mais avec l'aide d'une haute philosophie morale. Le peuple chinois ne connaissait pas la loi proprement dite ; pour lui, c'était la morale seule qui réglait les rapports entre les personnes; tout le monde se trouvait heureux, chacun travaillant non seulement par devoir, mais encore par plaisir; il n'y avait donc aucune nécessité de forger des Lois. C'est ainsi que le Gouvernement de Pékin, quoique faible, arrivait facilement à gouverner et à unifier cette masse immense de population. Ce n'est que depuis que la Chine est entrée en contact avec les étrangers que cette faiblesse s'est fait sentir, car les étrangers en ont profité et ont abusé de leur situation privilégiée.

3° — OPPRESSION DU GOUVERNEMENT MANDCHOU
PAR LES PUISSANCES ÉTRANGÈRES.

Pour faire comprendre l'événement de 1900, suite naturelle des diverses oppressions exercées antérieurement par les puissances étrangères sur notre pays, je suis obligé de donner un aperçu général de l'histoire politique étrangère de la Chine depuis le commencement de ses relations extérieures, ainsi on comprendra facilement à quel point elle était menacée par l'intrusion étrangère.

A l'origine, chaque puissance cherchait à exploiter les richesses de la Chine avec une discrétion encore relative, mais la concurrence entre elles devenait toujours de plus en plus aiguë; bientôt les demandes devinrent également de plus en plus exigeantes. La triste histoire politique de notre pays date de 1840, où, ayant refusé d'accepter un produit profondément nuisible, l'opium, nous avons été cruellement attaqués par l'Angleterre qui nous a imposé, comme suite à la guerre, le traité de Nankin de 1842, par lequel la Chine dut payer une indemnité de 21.000.000 de taëls, soit 74.000.000 de francs or, céder à perpétuité le territoire de Hongkong et ouvrir les cinq grands ports au commerce étranger: Shanghaï, Ningpo, Foutchéou, Amoy et Canton.

En 1856, pour une question de pavillon et un litige de religion, la Chine s'est vue assaillie par l'Angleterre et la France qui l'obligèrent à accepter les traités de Tien-Tsin de 1858 et ceux de Pékin de 1860, en vertu desquels la Chine eut à payer de nouveau une indemnité importante, à ouvrir huit nouveaux ports au commerce étranger et à admettre la présence de légations européennes dans sa capitale et l'extension des concessions tant commerciales que religieuses.

En 1874, le Japon prit à la Chine les îles de Riou-Kiou, sous prétexte qu'elle en avait refusé le protectorat.

En 1885, après avoir été victorieuse du côté du Tonkin et vaincue du côté de Fou-Tchéou, la Chine s'est vue privée d'une de ses plus belles colonies, l'Indo-Chine, par la France à l'exemple de laquelle l'Angleterre nous enleva, presque aussitôt, la Birmanie.

En 1894, nous avons été de nouveau

attaqués par le Japon. Malgré l'intervention, avec arrière-pensée, de la Russie,
de la France et de l'Allemagne, il nous
obligea en 1895 à reconnaître l'indépendance trompeuse de la Corée, à lui
abandonner Formose et les îles Pesca-
dores et à lui verser une forte indemnité
de guerre de 230 millions de taëls.

D'autre part, les trois gouvernements
de Pétersbourg, de Paris et de Berlin ne
perdirent pas de temps pour se faire
payer par la Chine le soi-disant service
rendu, par suite de leur intervention
dans le traité sino-japonais de Shimono-
saki.

Par la convention du 20 juin 1895, et
le traité de 1897, la France avait obtenu
une extension sensible de sa frontière du
côté du Yunnan et des avantages sérieux
pour l'exploitation des mines et le pro-
longement des chemins de fer dans cette
province.

Par la convention du 8 septembre 1896
et le traité dit de Cassini, d'octobre de
la même année, la Russie obtint la per-

mission d'aider la Chine à fortifier le Liao-Toung que le Japon avait été obligé d'évacuer sur demande des trois États. Elle fondait en outre la Banque Russo-Chinoise et obtenait le droit de détourner le chemin de fer transsibérien de sa direction primitive pour le faire passer par Tsisikar et Girin, à travers la Mandchourie, ce qui lui donnait l'espoir d'en détacher plus tard un embranchement vers Pékin.

L'Angleterre elle-même avait tiré aussi du faible gouvernement de Pékin quelques concessions utiles: rectifications de frontières avantageuses du côté du Yunnan, ouverture de nouveaux marchés et facilité de relier ses chemins de fer birmans, etc...

Mais, *ce ne fut pas tout, la ruée générale des puissances étrangères à la curée de la Chine, dont chacun voulait un morceau, allait bientôt commencer.*

L'Allemagne, à la suite du meurtre de deux de ses missionnaires en 1897 occupa Kiao-Tchéou sur la côte de la province du Chantoung. Par le traité du 6 mars 1898 elle se fit donner à bail ce magnifique port militaire en s'assurant de l'inaliénabilité de la province et des privilèges pour ses chemins de fer à construire.

La Russie, par le traité du 27 mars 1898 obtenait à bail, Talien-Ouan et Port-Arthur, et le droit de relier cette ville par chemin de fer à la ligne de Mandchourie, de telle sorte que le rêve qu'elle avait nourri si longtemps d'un débouché de la Sibérie sur une mer libre, allait être réalisé.

L'Angleterre, pour empêcher la Russie de s'emparer seule du Liao-Toung, demandait et obtenait, par l'arrangement du 4 avril 1898 : 1° la cession, par un prétendu bail, de Weï-Haï-Weï, port du Chantoung, qu'elle fit évacuer quelque temps auparavant par les Japonais ; 2° le droit à la navigation à vapeur sur tous les cours d'eau de l'empire ; 3° l'engagement par la Chine de ne céder, même à bail, à aucune puissance étrangère, le riche bassin du Yang-Tsé-Kiang, que la

Grande-Bretagne entendait réserver à son commerce; 4° l'ouverture au commerce étranger d'un nouveau port dans le Honan; 5° enfin, la promesse de réserver à un sujet anglais le poste d'inspecteur général des douanes chinoises.

La France, par le traité du 5 avril 1898, obtenait: 1° confirmation de la concession du chemin de fer du Yunnan; 2° engagement chinois de ne rien céder à personne, même à bail, dans le Yunnan, le Kouang-Si et le Kouang-Toung; 3° cession à bail de la baie de Kouang-Tchéou-Ouan (poste avancé protégeant le Tonkin à l'est de la presqu'île de Leitchéou); 4° engagement de ne pas céder Haï-Nan (ce qui constituait une autre protection pour le Tonkin); 5° promesse d'un emploi de directeur général des postes pour un Français. De plus, elle se faisait accorder, le 7 juin, le privilège de construire le chemin de fer aboutissant à Pakoï, sur le Golfe du Tonkin.

Par ce qui précède, on voit dans quelle situation se trouvait alors le Gouvernement de Pékin. Il s'agissait non seulement de l'intrusion progressive des puissances étrangères dans l'Empire du Milieu, mais aussi, pour ainsi dire, de l'invasion et du pillage de la Chine.

Le mouvement des Boxers a eu son origine dans une sous-préfecture de la province du Pétchili, à la suite d'un procès engagé par un Chinois non chrétien contre un Chinois chrétien. Ce dernier, protégé par les missionnaires, gagna le procès. La personne qui perdait le procès éprouva une telle haine que, pour se venger, elle demanda l'aide des associations populaires secrètes de la province du Chantoung, dont l'influence, qui s'opposait à celle de la religion chrétienne, avait pour but de la détruire. Cette personne réussit à provoquer contre les religions chrétiennes le mouvement connu par les étrangers, sous le nom de « Mouvement des Boxers ». Ces Boxers vinrent donc de la province du Chantoung dans la province du Pétchili dans ladite sous-préfecture, où ils commencèrent à démo-

lir les églises et à massacrer les missionnaires chinois et étrangers. Bientôt ce
mouvement se répandit dans les deux
provinces en question; dans les centres
les plus populeux, toute la population,
aussi bien les paysans que les bandits,
s'assembla pour attaquer les chrétiens
étrangers et chinois.

Le Gouvernement Mandchou, par ignorance, crut pouvoir profiter de ce mouvement pour chasser les étrangers; c'est
ainsi qu'un édit impérial ordonna aux
gouverneurs des provinces d'aider les
Boxers à détruire les religions chrétiennes. Heureusement, les Gouverneurs
eurent l'esprit clairvoyant, non seulement ils n'obéirent pas à l'ordre impérial,
mais encore ils se mirent d'accord avec
les Puissances Étrangères pour protéger
les étrangers et les chrétiens chinois et
pour maintenir l'ordre dans toutes les
provinces du Sud. Grâce à ces gouverneurs, le mouvement ne put se répandre
que dans deux provinces du Nord (Pétchili et Chantoung).

Conclusion

Par ce qui précède, on voit facilement que le mouvement des Boxers n'est pas dû à la xénophobie générale du peuple chinois, comme on voulait le faire croire. Bien au contraire, ce peuple ayant une civilisation philosophique et morale datant de plus de quatre mille ans, a des sentiments tout-à-fait pacifiques; bien que la civilisation occidentale ne lui fût pas connue, il reconnaissait sa force et sa supériorité au point de vue matériel. C'est ainsi que les étrangers ont été particulièrement respectés par le peuple; s'ils lui avaient montré des sentiments réciproques dans leurs relations journalières, la population chinoise leur aurait réservé toujours le meilleur accueil. En général, le peuple chinois a le sentiment du dévouement et de la reconnaissance très développé; tout étranger ayant conservé une bonne conduite pendant son séjour en Chine ne saurait qu'apprécier les qualités de ce peuple. Malheureusement, la plupart des étrangers, aussi bien ceux de la classe ouvrière, qui traitaient toujours les Chinois d'une façon malhonnête et prenaient le caractère pacifique de ce peuple pour de l'ignorance, en ont largement abusé, que ceux, dois-je ajouter, de la classe supérieure qui ne considéraient jamais les Chinois qui sont en relations *obligatoires* avec eux, comme leurs égaux, ne manquaient jamais non plus, à chaque occasion, de leur montrer leur soi-disant supériorité, en un mot, la majorité des étrangers résidant en Chine ne demandaient pas à être aimés du peuple, mais à le dominer. J'espère que ceux de mes amis étrangers, sous les yeux desquels pourra tomber cet exposé, auront l'amabilité de ne pas m'en vouloir, car, si je me permets d'écrire ces lignes, ce n'est pas pour faire des reproches aux étrangers habitant mon pays, mais bien au contraire, c'est dans la ferme et sincère intention de dissiper les malentendus qui existent depuis si longtemps entre ces deux populations de continents différents. Aujourd'hui le monde est animé de l'esprit d'internationalisme et le devoir humain est de réaliser la paix mondiale. Il est donc nécessaire et indispensable de ne pas négliger la plus importante population de l'Extrême-Orient qui jouera certainement un rôle de premier plan pour la réalisation de cette paix générale.

Le Monde a tout intérêt à voir la Chine se développer de plus en plus et cette masse immense de population entrer dans le courant de la civilisation moderne. La jeune Chine reconnaît, à l'heure actuelle que pour développer la richesse d'un pays aussi grand que le sien, il faut que les étrangers prêtent leur concours au point de vue tant technique que financier. Les étrangers ont toujours été bien reçus dans notre pays, je suis sûr qu'ils le seront encore mieux au fur et à mesure que le Peuple Chinois saura mieux les connaître, et pour cela je crois être l'interprète de tous mes jeunes compatriotes qui ont le ferme espoir de voir maintenant les étrangers habitant la Chine ou les Puissances étrangères ayant avec elle des relations diplomatiques, économiques et autres, animés d'un esprit unanime d'impartialité et d'équité, afin d'effacer le triste souvenir de nos relations antérieures, notamment celui de 1900, pour lequel le peuple chinois porte encore aujourd'hui le lourd fardeau de nos fautes communes, desquelles il n'était sûrement pas *seul* responsable. D'ailleurs toute action contraire à la justice ne ferait que troubler la paix du Monde.

OUANG HANG

*Délégué du Ministère des Communications
de la République Chinoise,
auprès de la Société des Nations.*

LES NÉGOCIATIONS OFFICIELLES SUR LES ÉVÉNEMENTS DE SHANGHAI DU 30 MAI 1925

Au commencement de juin, dans les colonnes des journaux d'Europe, parurent les premières nouvelles sur les événements tragiques de Shanghaï. Les différentes agences les qualifièrent de troubles xénophobes fomentés par les émissaires soviétiques. Pour discréditer ce mouvement d'indignation légitime, on fit miroiter, devant l'opinion publique occidentale, le terrible spectre du « Péril rouge ». Malgré cette campagne systématique, menée par les Anglais et les Japonais, la vérité commence à apparaître aux yeux des personnes informées des choses de la Chine; mais cela d'une façon encore tout à fait incomplète. Nous tâcherons, dans ces lignes, de dégager la genèse des manifestations de Shanghaï et les causes qui les transformèrent en mouvement national, et de faire l'historique des négociations en cours. Nous nous baserons sur les documents officiels et nous exposerons, d'une façon purement objective, *les faits sous leur vrai jour*. Si ces lignes peuvent, pour une part, quelque infime soit-elle, faire éclater la vérité, elles auront atteint le but poursuivi par *l'auteur*. Cela nous paraît être un devoir de ne pas laisser dans l'ignorance nos amis d'Europe et de défendre nos courageux compatriotes de Chine contre l'insidieuse calomnie de « pantins des soviets ».

A la suite du meurtre d'un ouvrier chinois par les Japonais, éclata une grève. Les grévistes demandèrent la poursuite des meurtriers. Le Consul japonais, de la juridiction duquel ceux-ci relèvent, ne tint pas compte de cette juste demande et les laissa impunis. Pourtant, toutes les lois humaines et divines condamnent le meurtre; sans doute, quand les Anglais et les Japonais sont en Chine, ils acquièrent une conception un peu spéciale de la justice; c'est, disent-ils, pour civiliser les Chinois!

Les étudiants, justement indignés de cette iniquité, organisèrent une manifestation, espérant que leurs protestations seraient mieux entendues. Ils conseillèrent à la population tout entière, de boycotter les marchandises japonaises, si le Consul nippon persistait à ne pas poursuivre les meurtriers.

C'est alors que la police anglaise, de la Concession Internationale de Shanghaï, entra encore une fois en scène. Elle arrêta plusieurs ouvriers et étudiants et défendit aux journaux chinois paraissant dans la Concession, de parler de ce meurtre.

Au lieu de calmer les esprits, ces mesures eurent pour résultat de les exciter davantage et causèrent la manifestation du 30 mai 1925.

Ce jour-là, les étudiants s'en allèrent à

travers Shanghaï, par petits groupes, et prêchèrent la rupture des relations économiques avec le Japon. Dans la Concession Internationale — seulement — la police anglaise, répétons-le, arrêta une centaine d'étudiants et les traita comme des malfaiteurs.

Par les témoins oculaires américains cités dans le procès que la Municipalité avait intenté aux étudiants arrêtés, et par les déclarations du Commissaire de Police de Nanking Road, nous pouvons nous faire une idée exacte de la situation.

D'autres étudiants, voyant qu'on avait arrêté leurs camarades, suivirent ces derniers afin de pouvoir leur être utiles. Peu à peu, la foule augmenta, et il y avait quelques centaines d'étudiants lorsqu'ils arrivèrent devant le commissariat de police de Nanking Road. Cinq policiers voulurent disperser les manifestants; les étudiants ne firent aucune résistance et reculèrent mais, voyant cet attroupement, les curieux vinrent encore en augmenter le nombre. La foule massée en

arrière, il était ainsi impossible aux étudiants de reculer. Ils n'étaient pas armés
et n'avaient nullement manifesté l'intention de prendre d'assaut le commissariat
de police; ils n'avaient proféré aucune
parole xénophobe. Ils furent bientôt près
de deux mille (avec beaucoup plus de
curieux parmi eux), devant le commissariat de police. Comme ils ne pouvaient
pas reculer du côté de Tchekiang-Road
où l'attroupement devenait de plus en
plus dense, ils se dirigèrent vers l'Ouest,
— difficilement, — car les gens venaient
aussi de ce côté-là. Le commissaire de
police fit alors mettre ses quinze policiers
armés de fusils, en demi-cercle, devant le
commissariat. Il leva son revolver et cria
en anglais (!), aux étudiants, qu'il leur
donnait dix secondes (sic). (Il était matériellement impossible qu'une foule de
deux mille personnes pût se disperser et
disparaître en dix secondes) pour se retirer. En chinois, il se contenta de crier:
« arrêtez! arrêtez! arrêtez! » et, dix secondes après, il ordonna aux policiers de

tirer « pour tuer » (sic) ; on tira, on tua ! Quatre personnes furent tuées sur le coup et une vingtaine blessées, dont cinq succombèrent peu de temps après.

Au moment du massacre, les étudiants étaient à six mètres des policiers; à l'autopsie des morts, on constata que presque toutes les balles avaient pénétré par le dos. (Il faut vraiment avoir une logique britannique pour prétendre que les étudiants les avaient menacés! de dos? — n'est-ce pas! — Parmi les morts, il y avait des enfants de quinze ans (Tcheng Yu Tsing) par exemple, des étudiants, des employés de commerce et des curieux.

La véracité de ces faits ne peut être mise en doute; ils ont été tirés des rapports officiels, tant chinois qu'étrangers.

Ces procédés inqualifiables, contraires à toute justice et au droit des gens, seront dans l'histoire du monde, des taches de honte pour l'Angleterre. Désormais, l'Empire Britannique qui se prétendait « le civilisateur » de l'Orient n'a plus aucun prestige devant le monde oriental;

il a manqué à son honneur, il a perdu la face, comme on dit en Asie!

Le Gouvernement chinois intervint et envoya au doyen du Corps Diplomatique une note dont voici la teneur:

Pékin, le 1er juin 1925.

Monsieur le Ministre,

« J'ai l'honneur d'attirer la très sérieuse attention de Votre Excellence sur le malheureux fait suivant qui s'est produit le 30 mai dernier, dans la Concession Internationale de Shanghaï.

A la suite de l'arrestation des étudiants et des actes de violences envers les ouvriers chinois, dont plusieurs ont été blessés, un certain nombre d'étudiants de différentes Universités de Shanghaï se sont rendus dans l'après-midi du 30 mai dernier devant la station de la police de la Concession Internationale en signe de protestation en faisant des discours.

L'intervention armée de la police a

donné lieu à plus de quarante étudiants arrêtés, quatre étudiants tués sur-le-champ, six étudiants gravement blessés, dont deux succombèrent peu de temps après, et dix-sept passants blessés, dont trois moururent ensuite.

En apprenant avec émotion le fait sus-mentionné, je me permets de Vous faire remarquer que, quel que soit le caractère de leur manifestation, les étudiants, qui sont des jeunes gens de bonne famille, pleins de patriotisme et non armés, ne sauraient être traités comme de simples malfaiteurs et qu'au lieu de les calmer par des moyens appropriés, la police a eu recours à ses moyens extrêmes, qui sont essentiellement condamnés par l'humanité et la justice.

En conséquence, je me trouve dans l'absolue nécessité d'adresser à Votre Excellence les protestations les plus for-melles avec réserve de formuler, dès que les rapports ultérieurs donnant des dé-tails complets me seront parvenus, toutes les réclamations qui résulteront de ce déplorable incident dont les autorités de la Concession sont entièrement responsables.

En outre, je prie Votre Excellence de bien vouloir porter ce qui précède à la connaissance des Ministres des Puissances intéressées et donner d'urgence les instructions nécessaires aux autorités consulaires de Shanghaï afin de mettre immédiatement en liberté les personnes arrêtées et de s'entendre sur place avec le Commissaire spécial des Affaires Etrangères de cette ville pour empêcher le retour éventuel de cas pareils.

Veuillez agréer...» etc.

Le doyen du Corps Diplomatique à Pékin répondit par une note dont voici la substance :

Pékin, le 4 juin 1925.

. . . .

« Tout en déplorant comme Vous les événements dont il s'agit, au cours desquels un certain nombre de malheureuses victimes ont trouvé la mort et où d'autres ont été sérieusement blessées, nous croyons nécessaire de préciser les conditions dans lesquelles la police a été amenée à faire usage de ses armes.

Des groupes de manifestants qui distribuaient sur la Concession à Nanking-Road, des pamphlets subversifs et nettement anti-étrangers (anti- japonais seulement: note de l'auteur) ont été invités (à coups de bâton: note de l'auteur) à se disperser (en leur donnant dix secondes: note de l'auteur) et les meneurs arrêtés. La foule, refusant d'obéir aux injonctions de la Police, attaqua alors les agents et tenta de donner l'assaut au poste de police. (Le Corps Diplomatique a été sans doute induit en erreur par les rapports tendancieux des autorités consulaires de Shanghaï.)

C'est alors seulement que les agents firent usage de leurs armes!

Il en résulterait donc que la responsabilité des événements qui suivirent, incomberait aux manifestants et non point aux autorités de la Concession.»

. . . .

Pendant que ces notes s'échangeaient, le massacre continuait à Shanghaï; le 1ᵉʳ juin, il y eut de nouveaux blessés et des morts. Le Waichiaopou (Ministère des Affaires extérieures) dut envoyer une nouvelle protestation dont voici la substance :

Pékin, le 4 juin 1925.

« Concernant la sanglante affaire de Shanghaï, j'ai eu l'honneur d'adresser à Votre Excellence, en date du 1ᵉʳ courant, une note par laquelle je vous ai prié de donner d'urgence les instructions nécessaires aux Autorités consulaires de Shanghaï afin de mettre en liberté les personnes arrêtées et de s'entendre sur place avec le Commissaire Spécial des Affaires étrangères de cette ville pour empêcher le retour éventuel de cas pareils.

Contrairement à mon attente, de nouveaux rapports de caractère néfaste continuent à me parvenir, rapports selon lesquels la police de la Concession Internationale de Shanghaï, dans la journée du 1er juin, a encore tiré sur les personnes, dont trois ont été tuées et dix-huit blessées, tandis que les personnes qui avaient été arrêtées ne sont pas toutes mises en liberté. D'autres rapports m'ont informé que la plupart des victimes ont reçu des balles dans le dos sans qu'aucun des agents de police n'ait été tué ni blessé, ce qui prouve que les coups de feu n'étaient nullement justifiés.

L'attitude violente des autorités de la Concession Internationale qui a excité le mécontentement du public en général, a créé les conséquences les plus graves, notamment la déclaration de grève des commerçants et ouvriers chinois de Shanghaï.

. . . .

La réponse du doyen du Corps Diplomatique contient en substance ceci :

Pékin, le 5 juin 1925,

« Bien que constatant que l'information reçue par le Gouvernement chinois n'est pas complète puisqu'elle ne mentionne pas plusieurs attaques contre les étrangers, mes collègues et moi préférons réserver notre jugement jusqu'à l'arrivée de nouveaux renseignements.

A cette fin, les Représentants diplomatiques intéressés ont décidé d'envoyer, sans délai, à Shanghaï, une délégation chargée d'étudier la situation sur place pour établir un rapport.»

Etc... etc... etc...

Par cette note, nous pouvons constater que le Corps diplomatique commence à douter de la véracité du rapport des autorités consulaires de Shanghaï, rapport sur lequel il s'était basé pour envoyer la réponse du 4 juin.

Le Corps diplomatique envoya donc à Shanghaï une commission d'enquête composée de M. TRIPIER (France), M. VERCKER (Angleterre), M. GREENE (Etats-Unis), M. SHIGEMITSU (Japon), M. ULLENS DE SHOOTEMS (Belgique) et M. SCADUTO (Italie).

Le Gouvernement chinois, de son côté, envoya deux hauts Commissaires: l'Amiral TSAI et Son Excellence TCHENG, vice-ministre des Affaires étrangères.

Ceux-ci arrivés à Shanghaï, devant les revendications de la population, durent demander l'élargissement de leur mandat afin de se mettre en rapport avec la Commission diplomatique. Le Waichia-opou leur adjoignit Son Excellence M. TCH'ENG, Gouverneur civil de Kiangsou et M. SHUI, Commissaire pour les Affaires étrangères à Shanghaï. Cette Délégation commença les négociations avec la Commission diplomatique dont le mandat avait été élargi.

La délégation chinoise choisit 13 revendications parmi celles présentées par la population et les communiqua à la Commission d'enquête. Les voici :

1°) Suppression du petit état de siège;

2°) Mise en liberté de tous les Chinois arrêtés et retour au statut quo des écoles fermées ou occupées;

3°) Mise en suspension de fonctions des coupables, en attendant un jugement sévère;

4°) Indemnité aux victimes et aux personnes ayant subi des dommages;

5°) Excuses;

6°) Rétrocession de la Cour mixte; (Dans les délits commis par les Chinois contre les lois chinoises et contre les règlements municipaux, le plaignant ne devra plus être la Municipalité, mais l'État chinois).

7°) Réintégration de tous les grévistes et employés au service des maisons étrangères sans qu'aucune retenue soit faite sur leurs salaires;

8°) Les grévistes ne pourront être poursuivis pour faits de grève;

9°) Droit de vote pour les Chinois, aux élections municipales. L'Association des contribuables devra également comprendre des Chinois dans la proportion du paiement des contributions. Ils seront traités sur le pied d'égalité avec les Européens;

10°) La Municipalité ne pourra pas construire de routes en dehors des limites de la Concession. Celles déjà construites seront remises au Gouvernement chinois sans conditions;

11°) Suppression du règlement sur la presse et l'imprimerie. Suppression des taxes de voirie et les licences pour les bourses de valeurs;

12°) Liberté de parole et d'association pour les Chinois, dans la Concession;

13°) Remplacement du Secrétaire général de la Municipalité.

La Commission voulut bien discuter les cinq premiers points, mais sur les huit derniers elle déclara se trouver incompétente et refusa d'étudier ces demandes en alléguant qu'elles n'avaient aucun rapport avec les incidents regrettables de Shanghaï (Communiqué de la Commission diplomatique). La délégation chinoise soutint que ces treize demandes étaient en corrélation étroite avec ces incidents, car c'est la mauvaise composition de la Municipalité qui a provoqué ces effusions de sang, et qu'il était juste de s'occuper de ces points en même temps que des incidents eux-mêmes. « La délégation chinoise en coopérant avec la Commission diplomatique afin de trouver une base de règlement pour les récents incidents tragiques, croit que le but ne peut être atteint qu'en réglant certaines questions qui ont été la source de malentendus entre les communautés chinoise et étrangère de Shanghaï » (Communiqué de la délégation chinoise).

Ces deux points de vue étaient réellement trop divergents pour pouvoir s'accorder et la commission d'enquête, se disant incompétente pour négocier sur la base de ces treize demandes, se retira et quitta Shanghaï le 18 juin au soir. Tandis que du côté officiel on échangeait des notes, la population de la Chine entière manifesta son indignation. Les sentiments de sympathie envers les victimes de douleur et de colère devinrent des sentiments nationaux. Le mouvement local se transforma en mouvement national. Des manifestations imposantes s'organisèrent dans toutes les grandes villes de la République. Toutes les classes de la population y participèrent. Les étudiants s'en allèrent par les rues faire des conférences afin de galvaniser le peuple. Les salariés employés par les Anglais et les Japonais firent grève. Les commerçants et les banquiers rompirent les relations d'affaires avec les ressortissants de ces deux pays. Toute la nation boycotta les marchandises britanniques et nipponnes et envoya des subsides aux grévistes.

C'est donc bien là un mouvement national et non pas des troubles fomentés par quelques extrémistes. C'est un mouvement anti-anglais et anti-japonais, mais non pas un mouvement xénophobe.

Mais hélas! le massacre continuait sur d'autres scènes: à Hankéou, à Kiukiang, à Canton, etc... avec cette légère différence que les marins anglais ont pris part au massacre à Hankéou. C'est donc l'Angleterre qui en est directement responsable. Sur cet incident, il y eut encore des échanges de notes. Voici une note du Corps diplomatique:

Pékin, le 17 juin 1925,

Monsieur le Ministre,

« Au nom de mes collègues et au mien, j'ai l'honneur d'attirer la plus sérieuse attention du Gouvernement chinois sur l'état d'effervescence qui règne en Chine et qui, se propageant et s'accentuant, a déjà mis en péril la personne et les biens des étrangers.

Précédemment, à l'occasion des malheureux incidents de Shanghaï, les représentants diplomatiques intéressés ont cru devoir rappeler au Gouvernement chinois la lourde responsabilité qu'il encourt en ce qui concerne le maintien de l'ordre.

Depuis, de nouveaux incidents, d'un caractère très grave, se sont produits dans d'autres localités.

A Hankéou, après avoir tué un ressortissant étranger, une foule armée de bâtons et jetant des pierres, a assailli la Concession britannique en proférant des menaces de mort à l'adresse des étrangers. Ayant tenté en vain de les repousser en les faisant arroser par des pompes à incendie, les défenseurs de la Concession furent obligés de se servir de leurs armes pour refouler les assaillants.

A Kiukiang, au cours d'une émeute, la foule a attaqué les Consulats britanniques et japonais et une banque japonaise. Celle-ci a été complètement brûlée et les deux consulats ont été endommagés. Les autorités chinoises prévenues, un jour à l'avance, que des incidents pourraient se produire, avaient assumé la pleine responsabilité de maintenir l'ordre, à condition que des marins japonais ne soient pas débarqués. Les autorités chinoises ne prêtèrent aucune attention aux demandes réitérées qui leur furent en vain faites, pendant plus de trois heures, de faire venir des troupes sur la place pour maintenir l'ordre.

A Chinkiang, l'agitation xénophobe prit une telle intensité que les étrangers ont été obligés d'embarquer leurs femmes et leurs enfants pour les envoyer à Shanghaï.

Enfin, à Shanghaï, en dehors des Concessions, un sujet étranger a été tué à coups de revolver et une femme, également étrangère, qui l'accompagnait, a été blessée.

Les incidents relatés ci-dessus sont les plus graves qui aient été portés à notre connaissance, mais de tous côtés on nous signale qu'il se développe, en Chine, un sentiment anti-étranger et des tendances subversives qui nous causent la plus grande appréhension.

Désireux, avant tout, de voir se dissiper toute cause qui pourrait avoir pour conséquence d'altérer les bonnes relations qui existent entre la Chine et les Gouvernements étrangers, mes collègues et moi attirons de nouveau la plus particulière attention du Gouvernement chinois sur la gravité de la situation présente et l'impérieuse nécessité qui lui incombe d'y faire face.

Veuillez, etc...»

Et, au sujet de la rupture des négociations de Shanghaï, le Corps diplomatique publia le communiqué suivant :

Pékin, le 19 juin 1925,

« La Délégation des Représentants diplomatiques intéressés envoyée à Shanghaï avec une simple mission d'enquête a vu, par la suite, son mandat élargi et a été amenée à entrer en rapports avec les délégués chinois. Ces derniers ayant présenté des demandes excédant la compétence de la Délégation, celle-ci en a pris note et est rentrée à Pékin pour faire son rapport.

Les Représentants diplomatiques intéressés ont déjà fait connaître au Waichiaopou leur désir de commencer sans délai les négociations. Dans leur esprit, le règlement immédiat des incidents mêmes de Shanghaï, sur les bases de la justice et de l'équité, doivent faire l'objet d'un premier accord.

D'autre part, si le Gouvernement chinois en exprime le désir, les Représentants diplomatiques intéressés sont disposés à demander à leurs Gouvernements respectifs, l'autorisation de discuter dans l'esprit le plus amical, les propositions présentées à leur délégation à Shanghaï et concernant à la fois l'organisation de la Concession Internationale et l'Administration de la justice dans la dite Concession.»

En réponse à la lettre du 17 juin du Corps diplomatique, le Waichiaopou envoya la note suivante:

Pékin, le 20 juin 1925,

Monsieur le Ministre,

« J'ai l'honneur d'accuser réception de
» la note de Votre Excellence du 17 juin
» et en réponse de déclarer que, en ce
» qui concerne les graves incidents sur-
» venus dans les diverses localités y men-
» tionnées, le Gouvernement chinois a
» déjà donné à l'affaire sa plus sérieuse
» attention.

« Cependant, on doit faire remarquer
» que les comptes rendus des divers inci-
» dents mentionnés dans la note de Votre
» Excellence ne sont pas tout à fait d'ac-
» cord avec les rapports adressés par les
» autorités locales chinoises.

« Ainsi, pour l'affaire de Nankéou,
» avant l'incident, la foule s'étant assem-
» blé le long de Ta-Chi-Men, le Commis-
» saire des Affaires étrangères à Han-

» kéou, alors qu'il discutait des mesures
» de protection avec le consul général,
» avait demandé explicitement que, dans
» aucun cas, on ne devait donner l'ordre
» de tirer sur la foule. Le Consul général
» consentit et promit que s'il survenait
» des circonstances nécessitant des coups
» de feu, ces coups pourraient être tirés
» en l'air, afin de ne blesser personne.
» Cependant, moins d'une heure après les
» volontaires anglais ouvrirent soudai-
» nement le feu, tuant huit chinois et en
» blessant onze; en outre, deux police-
» men (chinois bien entendu: note de
» l'auteur), furent blessés. La foule était
» absolument sans armes et cependant
» les autorités anglaises dans la Conces-
» sion eurent recours aux mesures les
» plus violentes (Nous ne mentionnons
» l'incident de Hankéou que tout à fait
» brièvement: nous nous sommes bornés
» à n'étudier que celui de Shanghaï.)

« Elles devraient par conséquent assu-
» mer la responsabilité de la décision
» qu'elles ont ainsi prise.

« En ce qui concerne l'incident de Kiu-
» kiang, les faits sont les suivants:

« Un petit nombre d'ouvriers avait pro-
» jeté de débarquer au quai de Butter-
» fiels et Cⁱᵉ, mais lorsque la police de
» la Concession intervint, une altercation
» s'ensuivit. A ce moment, le feu éclata
» soudainement à la Banque TAI-YUAN
» qui avait cessé depuis longtemps ses
» opérations. Cet incendie causa un léger
» trouble et les troupes chinoises et la
» police entrèrent alors dans la Conces-
» sion pour maintenir l'ordre, et elles
» réussirent à éteindre le feu.

« Des enquêtes faites plus tard, démon-
» trèrent que dans la confusion et en étei-
» gnant l'incendie, un léger dommage fut
» causé à diverses choses des consulats
» anglais et japonais, ainsi qu'à une ou
» deux maisons de commerce.

« Ce dommage fut, par conséquent, tout
» à fait accidentel et ne fut inspiré par
» aucun motif ultérieur.

« En ce qui concerne l'affaire de Chin-
» kiang, les étudiants qui défilèrent dans

» les rues à cause des incidents de Shan-
» ghaï avaient, au préalable, obtenu l'au-
» torisation du Consul anglais de traver-
» ser la Concession.

« De plus, le Consul anglais promit de
» retirer les armes distribuées à la police.

« Pendant la manifestation cependant,
» les étudiants n'entrèrent pas dans la
» Concession. D'une manière inattendue,
» un conflit survint parmi les ouvriers de
» la Municipalité de la Concession sur
» l'emplacement du bâtiment de l'ancien
» conseil. Un étranger, habillé en civil,
» tira alors plusieurs coups en l'air, bles-
» sant quelques Chinois.

« En ce qui concerne l'assassinat d'un
» sujet anglais à Shanghaï, les autorités
» chinoises locales ont rapporté que le
» crime avait été commis dans Keswick-
» Road, une route qui a été établie par la
» Municipalité et qui est située en dehors
» des limites de la Concession, dans un
» endroit non habité et retiré.

« L'identité des criminels et le mobile

» de leur crime ne sont pas encore
» connus.

« La Municipalité de Shanghaï, en
» construisant des routes en dehors des
» limites de la Concession, n'avait obtenu
» ni le consentement de la Chine, ni l'au-
» torisation d'y placer de la police. Il est
» très regrettable que, par suite des rai-
» sons mentionnées ci-dessus, cet inci-
» dent se soit produit.

« Bref, à l'exception de l'assassinat
» d'un sujet anglais à Shanghaï, crime
» dont on ne connaît pas encore les mo-
» biles, tous les autres incidents sont le
» résultat du retard apporté au règle-
» ment rapide et équitable de l'affaire de
» Shanghaï.

« Aucune tendance anti-étrangère ne
» s'est jamais manifestée, pas plus que
» le désir de bouleverser les lois et
» l'ordre.

« J'espère sincèrement que Votre Ex-
» cellence et les Ministres des Puissances
» concernées seront assez bons pour par-
» tager nos vues.

« En outre, depuis les incidents de
» Shanghaï, le Gouvernement chinois a
» publié des mandats ordonnant stricte-
» ment au peuple de se contenir et d'at-
» tendre un règlement. Il a donné aussi
» par télégraphe, aux différentes autori-
» tés provinciales, l'instruction de main-
» tenir la paix et l'ordre et de protéger
» efficacement la vie des étrangers et
» leurs biens.

« Cependant, en raison des circonstan-
» ces présentes, le Gouvernement chinois
» espère sincèrement que les Ministres
» des Puissances intéressées régleront
» promptement les déplorables incidents
» survenus à Shanghaï suivant les prin-
» cipes de la justice et de l'humanité.
» Alors l'indignation actuelle du peuple
» chinois sera apaisée et l'excitation pu-
» blique se calmera naturellement. (Les
» 13 demandes mentionnées plus haut.)

« Ces points ne sont pas en conflit avec
» les traités existants et ils constituent
» l'aspiration légitime des Chinois de
» Shanghaï.

« Ils furent présentés à la Commission
» qui marqua l'intention de demander
» l'autorisation nécessaire pour discuter.
» Cependant, on ne persista pas dans
» cette intention, car, durant les deux
» réunions suivantes, la Commission
» montra qu'elle voulait mettre sur le
» compte des autorités chinoises la res-
» ponsabilité des causes indirectes qui
» avaient abouti à l'incident de la fusil-
» lade. La Commission annonça en outre
» que n'ayant pas le pouvoir de s'occu-
» per de ces questions, d'un caractère in-
» ternational, elle ne devait pas, en
» conséquence, continuer à discuter les
» divers points et que ses membres de-
» vaient partir immédiatement pour
» Pékin afin d'exposer leurs conclusions
» à leurs ministres respectifs.

« La Conférence fut ainsi terminée à
» la troisième réunion, le 18 courant.

« La délégation chinoise, tenant compte
» des relations internationales amicales
» de la Chine et de la délicatesse de la
» situation, regrette beaucoup que ses

» sincères efforts n'aient pas réussi à
» obtenir une solution satisfaisante.

« Par conséquent, j'ai l'honneur d'atti-
» rer la spéciale attention de Votre Ex-
» cellence et celle des Ministres des Puis-
» sances concernées sur les incidents ci-
» dessus mentionnés et de déclarer que
» l'attitude que j'ai prise dans mes pro-
» testations antérieures sera mainte-
» nue.»

Comme suite logique à ces deux notes, Pékin fut choisi comme lieu de négociations. Du côté chinois, on institua une commission de douze membres, ayant un rôle consultatif. C'est le Ministre des Affaires étrangères qui se trouve à la tête des négociations. Du côté des puissances: (Angleterre, France, Japon, Belgique, Etats-Unis et Italie), les Ministres de France, d'Italie et des Etats-Unis furent élus comme délégués négociateurs.

On commença les préliminaires des négociations. Le Gouvernement chinois était arrivé à la conviction que les treize demandes présentées pour le règlement des incidents de Shanghaï ne seraient qu'un palliatif à la situation actuelle et qu'il faudrait un remaniement des traités conclus entre elle et les Puissances pour tarir la source des malentendus. Les Etats-Unis d'abord et les autres pays ensuite se sont ralliés à ce point de vue. Mais comme l'état d'effervescence actuel de la population en Chine est préjudiciable aussi bien à la Chine qu'à l'Angleterre et au Japon, et comme le remaniement des traités ne pourra être fait que par l'entente préalable de toutes les puissances intéressées, ce qui demande du temps, le Waichiaopou avait proposé de régler d'abord les incidents de Shanghaï pour apaiser l'excitation publique, afin de pouvoir délibérer dans une atmosphère plus calme sur le remaniement des anciens traités.

Les délégués des puissances proposèrent de régler d'abord les cinq premières demandes de la liste des revendications présentées par le Gouvernement chinois, et de laisser de côté les huit dernières demandes pour les régler dans des négociations ultérieures. Comme, pour le remaniement des traités, il fallait le consentement officiel de toutes les puissances intéressées, les délégués furent d'avis de remettre cette conférence, faisant suite à la Conférence de Washington, pour beaucoup plus tard.

Après de laborieuses négociations, le Gouvernement chinois consentit à disloquer les treize demandes en groupes de cinq et de huit; mais, comme le règlement de ces deux groupes de revendications était aussi urgent pour les uns que pour les autres, il proposa d'ouvrir les négociations officielles sur ces deux ordres de demandes en même temps. Il chargea le Waichiaopou des négociations pour les cinq premières demandes et pour les huit dernières il délégua trois plénipotentiaires: MM. SUN PAO KI, (ancien Premier Ministre et ancien Ministre des Affaires Etrangères), YEN HOUEI-TSING, (ancien Premier Ministre et ancien Ministre des Affaires Etrangères) et WANG TCHENG TING (ancien premier Ministre et ancien Ministre des Affaires Etrangères).

Les délégués des Puissances, et particulièrement Son Excellence M. de Martel, Ministre de France, étaient favorables à cette suggestion. Ce dernier désirait hâter les négociations, afin que les conséquences des grèves ne devinssent pas trop graves et était d'avis que l'Angleterre devait être rendue, pour une certaine part, responsable de ces incidents et il proposait d'accéder avant les négociations à quelques-uns des vœux de la population chinoise de Shanghaï, à savoir: destitution du Secrétaire général de la Municipalité, destitution et mise en accusation des agents coupables de meurtre et réorganisation de la police municipale.

Mais le Gouvernement anglais prétendit qu'il ne pouvait être rendu responsable des incidents de Shanghaï, « car aucun Chinois n'a été tué par les troupes anglaises et la fusillade fut l'acte de la police de la Municipalité internationale de Shanghaï» (déclaration de l'honorable M. Samuel, au nom du Foreign Office, devant le Parlement britannique, le 15 juin). Ce sont des subtilités britanniques: le conseil municipal compte 12 membres, dont 9 anglais, le Secrétaire général de la Municipalité est anglais; le Commissaire de police de Nanking-Road est anglais, comme d'ailleurs presque tous les commissaires de police de la Concession Internationale et les policiers sont des Indous, sujets anglais!

Le Foreign Office télégraphia à son Chargé d'Affaires à Pékin de garder son attitude intransigeante à cet égard, tandis que la Municipalité ne reconnut pas l'autorité du Corps diplomatique et prétendit qu'elle ne pouvait être responsable que devant ses électeurs. Le Gouvernement soutint ce point de vue.

Etant donné ces divergences d'opinion, M. de Martel donna sa démission de délégué-négociateur et sa déclaration dit en substance ceci:

« Le Corps diplomatique et la Munici-
» palité de Shanghaï ne sont pas d'ac-
» cord sur l'étendue des pouvoirs de la
» Municipalité et sur les rapports entre
» la Municipalité et les Légations accré-
» ditées à Pékin. Le Corps diplomatique
» est d'avis que la Municipalité n'a qu'un
» caractère purement administratif et
» que les droits et les pouvoirs sur les
» concessions délimitées par les traités se
» trouvent entre les mains des Légations
» accréditées à Pékin qui les délèguent à
» leurs Consuls à Shanghaï. Par consé-
», quent, la Municipalité doit obéissance
» aux ordres du Corps diplomatique.

« Mais la Municipalité soutint le point
» de vue suivant: La Municipalité, quoi-
» qu'étant sous l'autorité nominative des
» Puissances intéressées n'est, en réalité,
» responsable que devant ses électeurs.»

M. de Martel croit que, ces points n'é-
tant pas réglés, les négociations ne peuvent être utilement engagées.

Depuis ce coup de théâtre les négociations sont restées en suspens et quoique le Gouvernement chinois envoie note sur note au doyen du Corps diplomatique, la date de l'ouverture n'est pas encore fixée.

La dernière note du Waichiaopou (3 août), dit en substance ceci:

« Une quinzaine s'est écoulée depuis
» l'envoi de ma dernière note, dans la-
» quelle je vous priais, Vous personnel-
» lement et les autres Ministres des Puis-
» sances intéressés, de fixer la date des
» négociations au sujet de l'incident de
» Shanghaï.»

. . . .

Nous ne pouvons, en effet, que regretter le retard que les puissances mettent à ouvrir les négociations, d'autant plus que ce retard pourrait être lourd de conséquences.

CONCLUSION

Comme conclusion, nous mentionnerons les revendications de la Chine en ce qui concerne le remaniement des anciens traités. Nous demandons aux étrangers de faire abandon de leurs privilèges, qui portent atteinte à l'honneur et à la liberté de notre nation, privilèges qui d'ailleurs causent autant de mal à eux-mêmes qu'aux Chinois.

Les privilèges, pour ceux qui en jouissent, sont comme naturels et créent chez eux une présomption, un orgueil et des sentiments qui les empêchent de « s'abaisser », de se mettre à la place de ceux aux dépens desquels les privilèges existent, par conséquent de les comprendre. Tandis que pour ceux-ci, leur honneur est froissé et ils gardent toujours une certaine méfiance envers les privilégiés. L'orgueil chez les uns et la méfiance chez les autres, créent une muraille infranchissable entre eux.

De cette incompréhension viennent des malentendus néfastes pour les relations cordiales entre la Chine et les autres Puissances. C'est aussi un obstacle pour l'extension du commerce sino-étranger.

Les partisans de l'état actuel des choses

— les privilégiés — disent que non seulement les Concessions ont été utiles aux étrangers, mais encore aux Chinois eux-mêmes qui s'y réfugient, dès qu'une guerre civile éclate. Cela est vrai. Mais est-ce vraiment un bien pour la Chine? Pour nous, nous croyons fermement que cela est un mal. Cette quiétude trompeuse ne fait qu'engourdir les énergies, empêcher la réaction de se faire, donc ralentit l'évolution, allonge la crise que traverse en ce moment la Chine. Nous avons vu que dans les grandes villes industrielles comme Canton, Ou-Si, il y eut des tentatives d'organisation de milices locales. Dans cette dernière ville par exemple, la milice a pu repousser l'assaut des soldats de Tsi Sie Yuan, et a sauvé la cité du pillage. Cependant, aucune tentative sérieuse d'organisation de ce genre n'existe à Shanghaï, la plus grande ville industrielle de la Chine. La faute, pour nous, en revient aux Concessions qui, par la quiétude relative qu'elles présentent, ont empêché la formation de ces milices.

C'est donc une conception tout à fait fausse de croire que les Concessions font du bien à la Chine.

Il nous serait facile de démontrer que les Concessions ont fait du tort au Japon et à l'Angleterre; ces deux pays ayant abusé de leurs privilèges. S'il n'y avait pas de régime d'exterritorialité, les conditions de travail seraient conformes à la loi provisoire chinoise sur le travail, donc plus humaines; les Japonais, n'étant pas sûrs de l'impunité, n'auraient pas osé tuer des ouvriers chinois. Il n'y aurait pas eu de grève. Si le régime d'exterritorialité pouvait exister sans qu'on en abuse, la police anglaise de la Municipalité de Shanghaï n'aurait pas tiré « pour tuer » sur des manifestants inoffensifs. S'il n'y avait pas eu massacre, il n'y aurait pas eu de boycottage ni de grève. Nous verrons sous peu l'étendue des dommages causés aux commerces britannique et japonais d'après les statistiques de la douane chinoise.

Nous croyons fermement qu'il est indispensable pour la Chine et utile pour les étrangers, d'abolir le régime de la juridiction consulaire et des concessions.

A la future conférence pour le remaniement des anciens traités sino-étrangers, si les Puissances acceptent de négocier sur cette base, le Gouvernement chinois, nous en sommes sûrs, ne refusera pas à donner certaines garanties capables de calmer les suspicions compréhensibles des étrangers.

Sinon, ces incidents de Shanghaï ne seront pas les derniers, puisque la source des malentendus entre les communautés chinoises et les communautés étrangères résidant en Chine n'aura pas été tarie, et les incidents causeront toujours autant de tort aux Puissances qu'à la Chine.

Nous souhaitons de tout cœur que l'Europe comprenne cela et qu'elle veuille bien négocier avec la Chine dans un esprit de conciliation et de sympathie sur ces malheureux incidents de Shanghaï et régler, une fois pour toutes, la question d'exterritorialité.

Raymond Y.-C. OUANG.

Septembre 1925.

LA CONFÉRENCE DOUANIÈRE
DE PÉKIN

LA CONFÉRENCE DOUANIÈRE DE PÉKIN [1]

Suivant des informations qui sont venues de Pékin, une Conférence douanière a lieu actuellement dans la capitale chinoise entre la Chine et les autres Puissances ; elle a pour but d'étudier, d'une part, des modifications aux tarifs de douane, d'autre part, l'autonomie de la douane chinoise. Dans ces deux questions que la Conférence examine, il nous paraît qu'une seule est essentielle et raisonnable, c'est la dernière, l'autonomie douanière de la Chine, étant donné la situation économique du monde actuel. Cependant, la Conférence semble attacher la plus grande importance à la question des modifications aux tarifs douaniers, mais ce

(1) Elle s'est réunie depuis le 26 octobre 1925.

n'est qu'une simple manœuvre politique de la part des Puissances étrangères pour détourner l'opinion publique chinoise. C'est ainsi que tout en s'efforçant de continuer à détenir les douanes chinoises, les Puissances ne nous offrent qu'une simple augmentation de taux des tarifs, qui est d'ailleurs très minime, puisqu'elle ne sera, paraît-il, que de 2 ½ %. Cette manœuvre ne peut plus tromper personne, car on l'a vue jouer d'une façon trop fréquente.

L'origine de cette Conférence remonte à 1921, à la suite de la Conférence de Washington, où la Chine posa la question de son autonomie douanière et elle obtint, non sans peine, des Puissances participantes qu'une conférence dans ce sens ait lieu afin d'examiner la situation économique actuelle de la Chine qui n'est plus en rapport avec celle du siècle dernier. Mais depuis cette date, c'est-à-dire depuis la clôture de la Conférence de Washington, les Puissances, les unes par crainte (sans fondement d'ailleurs, nous

verrons les raisons plus loin) d'une élé-
vation des tarifs pouvant atteindre leur
commerce extérieur avec la Chine, les
autres, par une manœuvre politique pour
demander à la Chine des conditions avantageuses en échange de la ratification des
accords de Washington, ont toujours
cherché à mettre obstacle à la réunion de
cette Conférence.

Le 5 août 1925, les accords de Washington étant enfin ratifiés par tous les pays
intéressés, la Chine prit ainsi l'initiative
de réunir les Puissances à Pékin, en se
basant sur ses droits acquis à Washington
pour discuter son régime douanier, régime qui a paralysé sa vie économique
pendant de longues années. C'est donc
une question de première importance
pour la République Chinoise.

Depuis un siècle environ, sous la pression des Puissances impérialistes, si l'on
peut s'exprimer ainsi, la douane chinoise
est tombée entre les mains des étrangers
ou, plus précisément, entre celles des Anglais. Or, on sait quelle importance la

question douanière occupe, au point de vue économique, dans la politique générale d'un pays: c'est le point essentiel pour protéger les industries et favoriser le commerce. Dans le monde actuel, on ne trouve aucun pays indépendant, quel que soit son régime politique, qui n'ait pas son autonomie douanière! Malheureusement, la Chine a vécu sous un autre régime qui est peu ordinaire. Mais s'il en est ainsi, il faut remarquer que ce n'est pas de la fantaisie de sa part, mais que c'est la politique impérialiste des autres Puissances, je le répète, qui en est cause.

*
**

L'ORIGINE DE LA QUESTION

Cette question, comme bien d'autres, est encore l'histoire d'une époque douloureuse que la Chine a vécu par suite de l'abominable agression d'une Puissance soi-disant civilisée, pour satisfaire son ambition d'expansion extérieure. Pendant bien des siècles, la Chine, comme tout autre pays du monde, avait sa liberté d'établir ses droits de douane à l'entrée ou à la sortie de son territoire; mais, à ce moment-là, le commerce extérieur était peu important, surtout avec l'Occident. Les Chinois faisaient du commerce plutôt dans leur territoire fermé. Donc, il n'y avait pour ainsi dire pas de politique douanière.

En 1842, après la guerre de l'opium, terminée par le traité de Nankin, la Chine a consenti à ouvrir cinq ports maritimes pour le commerce avec les pays étrangers. C'était le commencement des relations commerciales entre la Chine et les pays occidentaux. Et c'est d'où est née cette question douanière chinoise.

Pour la compréhension plus claire de la question, on peut l'examiner sous ses deux aspects essentiels:

1° Au point de vue administratif.
2° Au point de vue du tarif.

I. — Au point de vue administratif.

En 1842 l'administration de douane de cinq ports chinois dont il est question, a été confiée aux consuls étrangers en collaboration avec des commerçants chinois. Mais les Puissances étrangères, non contentes de ce régime, poussèrent la Chine à prendre des fonctionnaires étrangers pour cet organe douanier. C'est ainsi qu'en 1854, pour la première fois, le Gouvernement chinois prit un Anglais, un Français et un Américain pour les placer en tête de cette administration. En 1863, l'Anglais, Sir Robert Hart, s'empara de la direction. Enfin, en 1898, l'administration des douanes chinoises tombait définitivement entre les mains des Anglais, c'est-à-dire que la Chine s'engageait à prendre toujours un Anglais comme directeur de ce service. Et c'est dire que cette administration, qui a une importance suprême dans tous les pays, soit au point de vue financier, soit au point de vue économique, et surtout qui a une question de souveraineté au point de vue national, est non seulement dirigée par un chef étranger, mais, exception faite pour quelques places de moindre importance, occupées par certains fonctionnaires chinois, tous ses hauts postes sont pourvus de personnes de nationalités étrangères; les Anglais surtout y ont la priorité, on y rencontre également quelques Américains, Français, Japonais et Portugais. Ainsi, l'administration des douanes chinoises a une double enveloppe: organisation chinoise, exploitation étrangère. Ce dernier point irrite non seulement le patriotisme chinois, mais même tous les étrangers qui ont un peu de bon sens.

Les opinions étrangères se résument toujours dans la même phrase! «La Chine est en anarchie; elle est incapable de s'administrer; pour son propre intérêt, il est préférable que nous soyons ses tuteurs.» C'est une excuse à laquelle ne croient pas la majorité des Chinois.

Quoi qu'on en dise, nous estimons que la Chine est encore suffisamment organisée pour gérer ses propres affaires, et nous ne croyons pas qu'il soit bien utile que des Puissances soi-disant amies, se donnent pour ses tuteurs On ne manque pas d'entendre dans les milieux politiques étrangers de dire souvent qu'il faut respecter la souveraineté et l'indépendance de la Chine; mais comment peut-on comprendre que ce régime d'administration douanière soit maintenu depuis un siècle?

Voici en ce qui concerne l'administration.

II. — Au point de vue du tarif.

Quant au tarif, c'est encore un régime sans précédent; c'est ce qu'on appelle *tarif unique*. D'après le même traité de Nankin de 1842, la Chine a consenti à l'Angleterre un tarif uniforme de 5 % *ad valorem* tant aux marchandises importées qu'aux marchandises exportées, sans aucune distinction sur la nature même des marchandises, que ce soit des matières premières, que ce soit des produits manufacturés. De cette façon, on voit combien on manque de perspicacité au point de vue économique.

En 1858, les autres nations, suivant l'exemple de l'Angleterre, ont conclu des traités avec la Chine dans les mêmes conditions, en ce qui concerne le tarif douanier. Depuis que ce régime immoral et cruel a été imposé à la Chine, cette nation, malgré son indépendance, a éfé complètement prisonnière pour sa politique douanière. Elle ne peut plus modifier ses tarifs douaniers au moment où elle le jugerait nécessaire pour protéger ses industries ou pour son relèvement économique sans le consentement des autres puissances. C'est ainsi que la Chine, écrasée par un tel régime, depuis un siècle, n'a jamais pu s'en débarrasser, toujours bien entendu, par l'opposition des Puissances étrangères.

Si l'on examine ce régime de tarif au point de vue financier, on voit que le taux de 5 %, qui date du milieu du siècle dernier, et qui est déjà trop faible pour notre époque, est encore en réalité un taux fictif, car le 5 % est un tarif *ad valorem,* et que, d'après les traités, l'évaluation des valeurs des marchandises est faite par des accords internationaux : tels que ceux de 1858, 1902, 1918 et que ces accords ne peuvent avoir lieu que par période de dix ans. Ce qui est fâcheux, c'est que cette clause est irréalisable; par exemple, à l'expiration d'un délai de dix ans, on doit faire une évaluation des valeurs des marchandises, à condition que tous les pays donnent leur consentement. Mais comme les traités avec les divers pays sont conclus à diverses dates, il en résulte que l'expiration d'un délai de dix ans pour un pays n'est pas toujours la date d'expiration pour un autre, et lorsqu'on arrive au pays qui marque la dernière échéance, les premiers peuvent dire que le délai est passé pour eux, et qu'il faut attendre une nouvelle période de dix ans. C'est ainsi que de 1858 à 1902, soit un demi-siècle, on est resté sans arriver à un nouvel accord pour d'autres évaluations.

On comprend facilement les oscillations importantes que peuvent subir les prix pendant une période de cinquante ans. Si c'était une diminution de prix, la Chine aurait bénéficié de ce retard, car elle aurait perçu un droit plus élevé que 5 % puisque la valeur réelle des marchandises est moins élevée que les évaluations. Mais, malheureusement, les choses se passent autrement, c'est-à-dire que les prix ont toujours tendance à la hausse, donc le droit de douane chinois n'est, en réalité, plus de 5 %, mais beaucoup plus au-dessous, d'autant plus au-dessous que les prix continuent leur marche ascendante. Il en résulte une répercussion lamentable sur la situation financière de la Chine.

Quant au point de vue économique, on a vu plus haut que le même tarif 5 % est appliqué à l'importation comme à l'exportation, sans aucune distinction quant aux natures des marchandises. De cette façon, il manque non seulement des mesures pour protéger ou encourager les industries nationales, mais encore on les tue. C'est précisément pour cela que les Puissances étrangères veulent maintenir ce régime.

Pour l'importation: les marchandises étrangères, fabriquées en grandes séries par suite du fonctionnement du machinisme, ont déjà un prix de revient beaucoup moins cher que les marchandises indigènes qui sont la plupart des produits manuels. Si on ne perçoit qu'un droit d'entrée de 5 % sur ces marchandises étrangères, alors que les marchandises indigènes payent une taxe beaucoup plus élevée à l'intérieur même du territoire, il est compréhensible que les produits étrangers fassent une grande concurrence à ceux du pays.

Pour l'exportation, la situation est encore plus grave. Les marchandises à exporter, frappées une première fois par les taxes intérieures auxquelles s'ajoute le droit de douane de sortie, se voient obligées, avant d'entrer dans les marchés étrangers, à payer un nouveau droit de douane plus ou moins élevé, aux frontières des divers pays. Il en résulte ainsi un prix de revient beaucoup trop élevé pour trouver un débouché, et la moindre concurrence les fait subir des échecs. Ainsi par exemple, le thé, la soie, dont la Chine était le premier exportateur du monde, ne peuvent plus lutter contre leurs concurrences étrangères, notamment celles du Japon et de Ceylan. Ce ne sont nullement parce que les marchandises chinoises sont plus médiocres que celles de ses concurrents, mais uniquement parce que toutes les taxes que l'on vient d'énumérer les font atteindre des prix trop élevés et que la Chine, par suite de son régime douanier, ne peut venir en aide à ses industries.

Devant l'impossibilité de ses industries de lutter contre les concurrences étrangères, la Chine se voit obligée d'importer de plus en plus, d'où un déficit considérable de la balance commerciale. Voici quelques chiffres statistiques pouvant nous montrer son importance:

1915 importation.. 454.475.719 taels
     exportation.. 418.861.164 —
     déficit........ 35.614.555 —
     (environ 106.843.665 francs-or)

1920 importation.. 762.250.230 taels
     exportation.. 541.631.300 —
     déficit....... 220.618.930 —
     (environ 661.856.790 francs-or)

1924 importation.. 1.018.210.677 taels
     exportation... 771.784.468 —
     déficit....... 246.426.209 —
     (environ 739.278.627 francs-or)

Ces chiffres montrent que, malgré que le commerce extérieur s'accroisse sans cesse, le déficit de la balance commerciale s'aggrave de plus en plus. Par ce fait la Chine s'appauvrit de jour en jour. C'est de là que pourrait naître une répercussion très grave pour la situation économique du monde entier. On connaît assez l'exemple de la grande crise économique

de 1920 qui a été le résultat de l'appau-
vrissement des pays consommateurs, par
suite de la grande guerre.

⁂

Ainsi, nous pouvons conclure qu'en
somme la Chine est un débouché de premier ordre pour toutes les grandes Puissances industrielles, tant de l'Orient que
de l'Occident. Elle a besoin surtout des
produits manufacturés et des machines.
A notre époque, le premier souci politique
de tous pays industriels, est de chercher
le plus de débouchés possible. Il nous
semble donc qu'il serait de bonne politique d'empêcher la Chine de s'appauvrir
et de l'aider à se relever économiquement,
car qui dit pauvre, dit diminution de puissance d'achat. Cela ne sera possible que le
jour où on lui laissera son autonomie
douanière.

Au commencement de cet exposé j'ai
fait allusion à certaines craintes de quelques grandes Puissances, j'ai voulu parler
de la politique protectionniste que l'on

redoute de la part de la Chine, lorsqu'elle aura son autonomie douanière. Il nous semble que cette crainte n'est pas fondée. En effet, tout pays qui ne se suffit pas, a tout intérêt à ne pas trop taxer les produits importés, pour éviter un prix d'achat trop élevé.

Nous espérons donc très sincèrement que les Puissances participantes à la Conférence douanière de Pékin auront des vues plus larges. Nous sommes à l'époque du XX⁰ siècle, et nous croyons que la politique impérialiste du siècle dernier est de beaucoup surannée. Si les conservateurs de quelques Puissances croient à leurs succès politiques dans les affaires intérieures, ils doivent comprendre que la situation internationale a beaucoup changé, surtout depuis la grande guerre. Si nous, les Chinois, nous demandons l'autonomie de notre douane, c'est non seulement pour réclamer ce à quoi nous avons droit, mais c'est surtout parce que nous avons un grand souci de la paix mondiale. SIAO WEN-SHI

LA VIE POLITIQUE ET SOCIALE
DU PEUPLE CHINOIS

Introduction

Un Européen qui aurait étudié l'histoire de la Chine, poserait probablement
la question: Pour quelle cause la Chine,
plus étendue que l'Europe, peuplée de
450 millions d'âmes, soit un quart de
l'humanité entière, a-t-elle pu être, sauf
accident, un État unifié pendant plus de
46 siècles, tandis que les grands Empires
grec et romain, ses cadets, ne tardèrent
pas à se diviser et à disparaître dès qu'ils
arrivèrent à leur apogée? Cela est dû,
certes, au caractère particulier du peuple
chinois. Cette particularité du caractère
s'est constituée sous l'nfluence doctri-
nale des anciens philosophes, surtout de

Confucius. Il semble un peu étonnant, pour un Occidental, que des doctrines philosophiques antiques puissent continuer à influencer la mentalité d'un peuple formidable, composé surtout de paysans semi-illétrés. Il serait convaincu, s'il savait qu'avant la réforme récente de l'instruction publique tous les garçons allaient aux vieilles écoles où on ne leur enseignait que la philosophie et la littérature classiques. Ces écoliers récitaient tous les jours les leçons apprises dans les livres des anciens philosophes, notamment de Confucius, tels que les Quatre Livres : Dialogues moraux, Grande Etude, Fixite dans le Milieu et Ueng-Tsé, comme les enfants en Europe apprennent des chansons. C'est pourquoi, pour bien comprendre le caractère du peuple chinois, il est indispensable d'étudier rapidement les principes doctrinaux de l'Ecole confucienne, concernant la vie familiale, sociale et politique. Selon Confucius, un individu vivant sur la terre, a de nombreux devoirs à remplir.

En ce qui concerne les devoirs sociaux, Mencius, grand disciple de Tse-Sse, petit-fis de Confucius, estimait que le grand sage doit exercer le fonctionnariat pour se rendre utile à la Société. « Celui qui est un grand homme, doit occuper un vaste domaine (en pratiquant les devoirs de charité) et y tenir une place éminente (s'acquitter des devoirs rituels) et suivre le droit chemin (pratiquer la justice). Si les circonstances sont favorables à sa doctrine, il doit demeurer avec le peuple pour pratiquer ces trois devoirs. Dans le cas contraire, il doit poursuivre tout seul son chemin sans se laisser décourager. La richesse et les honneurs ne doivent jamais influencer son cœur; non plus que la misère, si profonde soit-elle, ne peut modifier son idéal, altérer sa volonté; aucune force au monde ne peut l'ébranler.»

Au point de vue politique, un sage doit occuper une fonction pour développer ses facultés et son intelligence, mais il doit s'arrêter en observant la doctrine du

Milieu, lorsque le chemin par lequel il obtint une fonction n'est pas droit. « Je n'ai jamais entendu dire, ajoute Mencius, que celui qui se courbe puisse rectifier les autres ; combien est-il moins possible que celui qui se déshonore, puisse rectifier l'Empire. La richesse et les honneurs sont l'objet du désir humain; si on ne peut pas les acquérir par le chemin droit, on ne doit pas les accepter.»

Quant au devoir envers le Chef d'État, le plus haut est le respect et la fidélité. Mais si rigoureux que soit ce principe de respect et de fidélité, Mencius admettait des cas contraires: « Si le roi traite ses sujets comme ses propres membres, ils le considéreront comme leurs entrailles et leur cœur; si le roi traite ses sujets comme ses chiens ou ses chevaux, ils le considéreront comme un homme quelconque; si le roi traite ses sujets comme l'herbe du chemin, ils le considéreront comme leur pire ennemi.» La révolution est ainsi admise.

Le devoir envers les parents, c'est le

respect absolu (pitié filiale), sans réserve.
« Tous ceux qui ont le sang et l'aspiration
aiment leurs parents; c'est conforme à
la nature », dit Confucius. Par déduction,
on doit encore aimer les parents de ses
semblables. « Traitez avec la révérence
due aux vieux, les vieux dans votre famille; comme cela les vieux dans les familles des autres doivent être traités sem-
blablement. A la cour, sont supérieurs les
plus honorables; à la campagne, sont
supérieurs les plus âgés » dit Mencius.
Chez le peuple, c'est le sentiment de respect et d'obéissance aux plus âgés qui
maintient la discipline sociale; ce qui est
supérieur à la loi, souvent impuissante à
empêcher les individus de commettre des
crimes.» En ce qui concerne les sciences
de juger, dit Confucius, ma connaissance
n'est que comme celle des autres; mais,
ce que je veux faire, c'est faire comprendre au peuple à savoir éviter les conflits.
Si le peuple est conduit par la loi et gouverné par la crainte du châtiment, il
essayera d'échapper à la punition, mais

il n'aura pas le sens de la honte. S'il est conduit par la vertu et gouverné par les principes de bienséance, il aura le sens de la honte et ainsi deviendra bon.»

Enfin, quant au devoir envers soi-même, c'est d'aimer soi-même, c'est-à-dire de se cultiver et se perfectionner. Confucius dit: « De l'empereur jusqu'à la masse du peuple, tous doivent considérer que la perfection de la personne est la racine de toute chose. L'homme supérieur fait ce qui est propre à la situation dans laquelle il se trouve; il ne désire pas aller au delà de cela.» Cela explique l'extrême facilité avec laquelle le peuple chinois a été gouverné. Si nous comprenons l'idéal de ce peuple, maintenant nous pourrons commencer à étudier sa vie matérielle.

PREMIÈRE PARTIE

La vie politique du peuple chinois

Si nous voulons expliquer la vie politique et sociale du peuple chinois, il suffira d'étudier celle des habitants d'un village d'une province quelconque, car, malgré l'étendue immense de l'Empire Céleste, la mentalité de ce peuple est partout la même et le village est la dernière circonscription administrative, analogue à la commune en France.

Le fondateur de mon village — 15.000 habitants — fut un émigré venu du centre de la Chine. Il a fondé ce petit bourg, dans le district de Tsang-Sing, province de Kouang-Toung, au XIVe siècle. Au fur et à mesure que ses descendants s'accrurent, le village s'étendit. Aujourd'hui, celui-ci est divisé en six quartiers ayant chacun leur propre fondateur, qui est un descendant du premier fondateur du village et est l'ascendant commun de tous les habitants mâles du quartier, de sorte que tous les habitants de mon village sont de la grande famille Wou. Comme organisation politique, il y a un conseil de village et six conseils de quartiers qui sont strictement autonomes pour les affaires dans leur propre domaine.

Chapitre 1. — Conseil du village

I. *Organisation.* — Le nombre — variable — des membres du conseil se compose de deux catégories: 1° les mandarins, lettrés qui ont été reçus aux concours impériaux de philosophie et de littérature. Le gouvernement leur conférait des grades différents: Bachelier; Electeur; Avancé ou Docteur, selon le degré du concours qu'ils venaient de passer. Vers la fin de la dynastie des Mandchous, le gouvernement central, ayant besoin d'argent, a vendu les titres. Cette dernière sorte de mandarins sont moins bien considérés que les premiers; 2° les anciens: tout homme arrivé à 60 ans, devient automatiquement membre du Conseil. Théoriquement, ils sont supérieurs aux mandarins à cause de leur âge avancé, pratiquement ce sont les mandarins qui jouent un rôle prépondérant à

cause de la supériorité de leurs connaissances.

II. *Attributions administratives.* — Le
conseil administre les biens communaux
par l'intermédiaire de son secrétaire général qui est désigné à tour de rôle.
Chaque quartier envoie un délégué pour
occuper, pendant une année, le secréta-
riat. Les revenus des biens communaux
sont consacrés à la pratique du culte des
ancêtres, à l'entretien des temples des
ancêtres et des routes communales etc...
Le conseil doit rendre compte des dé-
penses au public une fois par an, en affi-
chant le bilan dans un temple. Le secrétaire général a le pouvoir de convoquer
le conseil dont les sessions ne sont pas
fixes. Il doit encore aider le Préfet du
district à percevoir les impôts fonciers,
d'ailleurs presque infimes, que lui re-
mettent les secrétaires des conseils de
quartier, qui les ont reçus directement
des propriétaires. Enfin il exécute les décisions du conseil. Si une décision doit
être exécutée par la force armée, il dési-

gnera les gendarmes temporaires pour accomplir cette tâche. La fonction de secrétaire est honorifique.

III. *Attributions judiciaires.* — Le conseil doit être saisi par les parties en litige pour arbitrer une affaire privée. Le conseil applique d'abord la coutume, puis les règlements faits antérieurement par lui, et enfin, la loi nationale qui ne joue qu'un rôle peu important. Le Préfet du district, qui est chargé par le gouvernement central d'appliquer la loi, doit toujours tenir compte des coutumes locales. Le conseil du village est un tribunal à la fois pénal et civil. Il juge en premier ressort les litiges entre les habitants de quartiers différents et en appel les conflits entre les habitants d'un même quartier. La procédure est extrêmement simple, et gratuite. Tous les jugements sont susceptibles d'appel à la Préfecture du district. Mais cela arrive très rarement en pratique puisqu'un litige civil porté devant le conseil est déjà presque une exception.

Etudier l'origine de la vie autonome et de la personnalité morale des villages de ce genre, serait entreprendre l'étude approfondie de l'histoire du droit public chinois. Pour l'instant, nous ne ferons pas ce travail.

CHAPITRE 2. — CONSEILS DE QUARTIERS.

I. *Organisation*. — Comme les membres du conseil du village, les membres, en nombre variable, des conseils de quartiers se composent de mandarins et de vieux. En droit, les membres des conseils de quartiers sont en même temps membres du conseil de village. Pratiquement, ce ne sont que des mandarins d'élite qui se présentent au conseil du village.

II. *Attributions administratives*. — Analogue au conseil du village, le conseil du quartier administre, par l'intermédiaire de son secrétaire général désigné à tour de rôle. Le quartier est aussi une personne morale qui possède des biens dont les revenus sont consacrés pour la plus grande part, à la pratique du culte des ancêtres, à l'entretien des routes et des temples etc... Dans chaque quartier, il y a une maison de gardiens de la paix. Ces gardes de nuit travaillent, pendant la journée, pour leur compte personnel et assurent la sécurité du quartier pendant la nuit. Une nuit est divisée en cinq temps que ces gardes annoncent en frappant du tambour, comme la cloche de l'église. Pour leur désignation, on doit procéder à une adjudication. Ceux qui demandent la moindre **récompense** sont nommés gardiens de la paix pour trois ans. Enfin, les sessions du conseil ne sont pas fixes.

III. *Attributions judiciaires*. — Le conseil de quartier comme celui de village, est un tribunal à la fois pénal et civil; il arbitre toutes les affaires en premier ressort. En cas de délit ou de crime, les gardiens de la paix sont chargés de rechercher le coupable. Pour une affaire civile, le conseil doit être saisi par une des parties en litige. Dans la plupart des affaires, le contrat est toujours verbal.

Malgré cela, la contestation de créance est plus que rare. Car, quand on manque à sa parole une seule fois, on se voit tout de suite abandonné par la Société. On croit superstitieusement que le fait du non paiement d'une dette porte malheur à toute la famille. C'est pourquoi, lorsque le débiteur primitif décède sans laisser de descendant ni de fortune, les parents les plus proches se considèrent comme moralement obligés d'accepter la succession des dettes du défunt. Il est inconnu qu'un fils puisse refuser de payer les dettes de son père sous prétexte que celui-ci ne lui a pas laissé de fortune. Tous les jugements du conseil sont susceptibles d'appel au conseil de village ou à la Préfecture du district.

DEUXIÈME PARTIE

La vie sociale du peuple chinois

L'organisation sociale est encore plus simple que l'organisation politique. L'assistance publique en Europe comporte deux éléments nécessaires: élément moral et élément matériel. Au point de vue moral, la nécessité de secourir les vieillards infirmes et les enfants naturels, est moindre en Chine. Les vieillards sont toujours gardés par leurs descendants ou, à défaut de ces derniers, par leurs parents les plus proches. Les enfants naturels n'existent pour ainsi dire point. En temps normal, l'abandon des enfants ne peut pas exister puisque, selon la coutume, on est toujours fier de les avoir en abondance. Lorsqu'il y a une famine, les familles pauvres sont obligées d'en donner quelques-uns à des familles riches, qui ont le moyen de les élever. Au point de vue matériel, la Chine n'est pas encore tout à fait convertie à l'organisation scientifique; si aujourd'hui les institutions scientifiques sociales ont acquis leurs droits dans les grandes villes, elles ne sont pas encore assez répandues à la campagne.

Si l'organisation matérielle et sociale est plus simple, le sentiment solidaire du peuple est plus profond et mieux développé que dans la société occidentale.

D'où dérive ce sentiment, et avec quoi se développe-t-il? Il dérive, dans la plus haute antiquité d'une idée philosophique Yin (l'amour de ses semblables). Le Yin est aussi la base de la philosophie de Confucius. Comme cette idée est très vague et élevée, préoccupés de ce que le peuple ne la saisit pas bien, les anciens *philosophes créèrent* le *culte des* ancêtres, ce qui est un moyen de développer le sentiment humain. On suppose que tous les êtres humains descendent d'un auteur commun. *D'après l'histoire de la* Chine, tous les Chinois, c'est-à-dire la race Han, descendent de l'Empereur Jaune ou Houang-Ti. Puisqu'on n'est que la continuation de ses père et mère, alors, aimer ses parents, c'est s'aimer soi-même. Aimer ses ancêtres et les descendants de ces derniers, par conséquent tous les êtres humains, c'est encore s'aimer soi-même. Par déduction, quand on aime soi-même, on doit encore aimer ses semblables. Si

ses semblables souffrent, on souffrira autant. Voilà l'idée de Yin, ou sentiment
solidaire humain. Tsang-Tsi a dit: lais-
sons le peuple avoir le scrupule d'exécuter les rites funéraires des parents et
continuer d'exercer dans l'avenir infini
les cérémonies des sacrifices; alors la
vertu du peuple revient en sa propre excellence.

Voyons comment on pratique le culte
des ancêtres. Deux fois par an, dans le
courant des mois de mars et septembre,
ont lieu des visites aux tombeaux des
ancêtres. Ces jours-là, tous les descendants mâles d'un auteur commun vont
apporter leur respect au tombeau de ce
dernier. C'est donc un véritable pèleri-
nage. En un certain sens, le sentiment de
patriotisme est très développé, car le Chinois aime passionnément ses aïeux et sa
patrie. Cela explique que les émigrés chinois ne se naturalisent jamais à l'étranger et retournent toujours dans leur pays
natal quand ils sont vieux. Les mots parents et ami n'ont pas le même sens en

Exrême-Orient qu'en Occident, je veux dire que le sentiment de solidarité est plus étroit en Chine. Un parent est un membre de notre propre corps. Il est évident qu'on ne peut pas rester insensible en le laissant souffrir tout seul. Quant aux amis, au lieu de les appeler ainsi, on les appelle souvent Main-et-Pied ou frères, c'est-à-dire qu'un ami est aussi cher que les membres du corps ou le frère. Par conséquent le devoir envers les amis est presque aussi important qu'envers les parents. Ayant manqué de le remplir, on est tout de suite mal considéré dans la Société. Les émigrés à l'étranger empruntent souvent de l'argent pour envoyer à leurs parents et amis en Chine des cadeaux annuels. Quands ils arrivent à monter un établissement de commerce ou d'industrie, ils n'oublient pas d'y placer les parents ou les amis. Ce sentiment de solidarité, si précieux dans la vie sociale, donne des conséquences funestes dans la politique, car le favoritisme est inévitable.

Conclusion

Il me semble que si les occidentaux sont plus civilisés dans le sens scientifique, les extrêmes-orientaux sont sans aucun doute plus civilisés dans le sens moral. Le fils du ciel a vécu pendant des siècles en s'enfermant dans l'Empire du Milieu sans prendre contact avec les étrangers d'outre-continent. Car le grand Empire Céleste possédant une civilisation splendide et un territoire immense et riche se suffisait à lui-même. Vers le milieu du XIXe siècle ses portes furent ouvertes par des coups de canon anglais. Le matérialisme occidental pénétrait dans le Divin Continent. Les Européens venaient alors chez nous pour réaliser leur politique de colonisation. Etant menacé de devenir esclave, le Fils du Ciel se voyait obligé de se moderniser à l'européenne. Les instruments savants de tuerie s'introduisaient dans le continent pacifique. Pour faciliter la modernisation, la révolution qui a fait autant de bien que de mal éclata en 1911, de sorte que la tradition fut à moitié bouleversée par ce grand événement historique et par le matérialisme occidental. *Cette modernisation est-elle toujours profitable à la Chine ? Malheureusement le peuple chinois n'a pas à choisir!* Il ne peut pas continuer à vivre sans se moderniser, sous peine de devenir victime des impérialismes étrangers dont il a déjà tant souffert.

Aujourd'hui, se pose à la Jeune Chine ce très grave problème : *comment peut-on conserver la vieille morale traditionnelle et ne prendre que des choses réellement belles aux occidentaux, sans suivre le même chemin que l'Europe dans son évolution ?*

SAO FONG WOU.

Le 10-12-25.

LE CARACTÈRE DU CHINOIS

Il est bien difficile et surtout très délicat d'être à la fois juge et partie. Mais nous avons été si souvent mis en cause, et les événements actuels suscitent tant de racontars sur le véritable caractère du Chinois, que je prends à cœur de détruire ces erreurs, qui se sont accumulées et grossies en passant à travers les siècles, et en se transmettant de génération en génération.

Nous ne sommes pas civilisés, dit-on. Au contraire, nous le fûmes très tôt. Il y a plus de quatre mille ans que nos ancêtres se réunirent et formèrent une nation. Notre organisation politique et sociale est de ce fait la plus ancienne du monde, et n'a rien emprunté à aucun autre peuple. Elle est la plus tenace puisque, malgré les adversités, nous sommes restés groupés en corps de nation pendant vingt et une dynasties d'empereurs.

Le peuple chinois a, plus que tout autre, l'esprit de famille, le culte des ancêtres ; c'est cette unité familiale, jointe au goût du travail, qui a fait sa force en tout temps contre les épreuves de toute nature. C'est sur cette piété filiale que s'est établi jusqu'ici son mode de gouvernement.

Je dis que le Chinois a le goût du travail, mais il n'est pas âpre au gain ; avec lui le commerce est facile, car il est franc et loyal, son honnêteté est proverbiale ; avec lui, il n'est point besoin d'écrit ni de signature ; il a le respect de la parole donnée, et ne faillit jamais à sa promesse. C'est pour lui qu'il est dit : « La parole vaut l'homme ».

Il a l'esprit d'assimilation, l'intelligence vive, et cependant il est pondéré et réfléchi. Il ne se décide qu'à la longue, ne cède pas à sa première idée. Il est d'autant plus prudent que ses projets sont moins au point, et il réfléchit avant de les exécuter. Qui pourrait lui en faire un grief à notre époque où les choses les plus sérieuses se traitent si légèrement ?

Le Chinois est sensible aux maux et aux peines d'autrui, il est serviable et compatissant. Il a au plus haut degré le culte de l'amitié; il est fidèle, dévoué, altruiste ; sa reconnaissance est sans limites, et il n'oublie jamais les services rendus.

Le Chinois est artiste et poète né; chaque intérieur est un bijou de bon goût, où se mêlent à profusion fleurs, bibelots richement ouvrés, petits meubles finement sculptés, marqueteries décorées avec art, représentant des oiseaux, des fleurs géantes, des paysages, des sujets légendaires.

C'est grâce à ce sentiment artistique, que le Chinois ne s'ennuie jamais seul : il aime la belle nature et s'y plaît. Elle est pour lui une source inépuisable de jouissances infinies. Elle parle à son cœur, son esprit la comprend, il y trouve des attraits qu'un autre ne saurait voir, elle exalte son imagination de poète,

Ce n'est pas seulement dans la classe privilégiée de la société que se trouve ce goût de la nature ; on le retrouve également chez le paysan. En Chine l'agriculture a atteint un développement incomparable, grâce à l'agriculteur chinois, le premier du monde. Ses champs sont travaillés avec un soin constant et méticuleux, joint à une intelligente connaissance de la terre, de ses ressources, de ses besoins.

Avec ses seules rizières, ses céréales, ses fruits, ses plantations de thé, l'élevage des volailles, la Chine a réussi à suffire aux besoins d'une population nombreuse, ce qui ne l'a jamais empêchée d'exporter chaque année une assez grande quantité de soie brute et de thé qu'elle ne peut consommer. Tout ceci, le paysan chinois l'a fait jusqu'ici avec le seul travail de ses bras, car malheureusement la Chine n'est pas encore initiée aux innovations européennes, et l'usage des machines lui est presque inconnu.

Le jour où la civilisation mécanique

aura livré son secret à la Chine, celle-ci, grâce à sa population, possèdera la plus grande industrie du monde entier. C'est alors qu'elle pourra défier toute concurrence économique.

On reproche au Chinois de s'enfermer chez lui. S'il l'a fait, il a reconnu depuis bien longtemps son erreur, car il reçoit l'étranger avec la courtoisie la plus parfaite, lui permettant de vivre sur son sol et de s'y établir. Il lui accorde l'hospitalité la plus large, lui donnant le droit de faire du négoce dans ses nombreux ports. Beaucoup d'étrangers ont adopté la Chine comme seconde patrie, ils ne la quittent qu'à regret ou s'y établissent pour le restant de leur vie.

Les Chinois eux-mêmes émigrent avec une extrême facilité, et l'on en trouve dans tous les pays du globe. Toutes les classes de la société se rencontrent : commerçants, industriels, financiers; les travailleurs se trouvent en grand nombre, car les Chinois sont adroits de leurs mains. Tout travail leur est accessible, leur endurance est à toute épreuve; ils sont patients, persévérants et petit à petit ils amassent souvent une très grosse fortune. Partout où ils se trouvent, ils mènent une vie simple et effacée, faite de travail et d'abnégation, n'ayant qu'un but : la civilisation et la prospérité de leur patrie. C'est ainsi que cette classe laborieuse prépare la voie à une autre classe d'émigrants : la classe des étudiants. C'est par milliers que ceux-ci se répandent dans toutes les villes d'Europe et dans les Etats-Unis d'Amérique. Ils fréquentent les Universités et les grandes Ecoles. Leur esprit de discipline, leur travail opiniâtre et acharné ont vite fait de les classer aux premiers rangs. Ce sont les étudiants qui soulèvent le voile de ce pays qualifié jusqu'ici de mystérieux, et qui font connaître aux étrangers les trésors inépuisables de cette riche nation, en même temps que la sagesse de sa civilisation qui est des plus anciennes.

Quoique l'émigré chinois évolue à l'aise dans tous les pays, il n'en garde pas moins au cœur l'amour vif de sa patrie. Il ne la quitte point sans espoir de retour, et le plus souvent, il revient mourir où il est né.

Le Chinois sait se créer des sympathies partout où il séjourne, car il joint à la pureté des mœurs la finesse des manières, la politesse et la réserve du langage. Nul mieux que lui n'a le respect de la femme et des enfants, il n'offense jamais la pudeur de l'une ni l'innocence des autres. Il a l'esprit large et tolérant; il respecte tous les goûts et toutes les opinions, mêmes celles qui sont contraires aux siennes. Il ne dévoile pas sans motif grave les défauts d'autrui et il est toujours prêt à les excuser. Il est pacifique et pardonne facilement les injures. Il n'en faut pas conclure qu'il est lâche; au contraire, il est fort courageux, fait bon marché de sa vie, et n'a pas peur de la mort.

Que l'on me pardonne si je termine sans avoir signalé aucun défaut du Chinois. Comme tout autre, il en a, certes, mais il y a si longtemps que l'on fait son

procès, que l'on grossit, à plaisir semble-
t-il, ses travers, que l'on déforme ses qualités, que je n'ai pas besoin de mention-
ner ces défauts. Le caractère que je trace
du Chinois n'est qu'une juste et très faible réparation pour tout le mal qu'on en
a dit sans le connaîre. Je prie le lecteur
de ne voir dans ces lignes aucune exa-
gération. Il est du reste très facile de
contrôler mes dires, car ils sont nombreux les étrangers qui ont séjourné chez
nous, et qui rapportent de notre pays et
de ses habitants le meilleur souvenir.

On nous a souvent accusés de vouloir
en toute circonstance ménager « la face »
au détriment de la vérité, de renier nos
mœurs, nos coutumes par crainte du ridi-
cule. Il y a dans tous les pays des sots qui
rougissent de leur origine. Pour ma part,
je suis fier d'appartenir à la race chinoise, je m'en honore et je le proclame
hautement : si je n'étais pas Chinois, je
souhaiterais de l'être !

TSE TSUEN LIANG.

LE RÉVEIL

DE LA

CONSCIENCE NATIONALE EN CHINE

Comme nous l'avons toujours cru et comme nous le croirons toujours ou croyons encore, le XX⁰ siècle sera un siècle de manifestations nationales. En Europe comme en Asie, en Amérique comme en Afrique, les peuples, à quelque stade d'évolution qu'ils soient parvenus, cherchent plus que jamais à faire valoir leur génie propre et à déployer leurs forces spirituelles et matérielles. C'est ainsi que les grandes puissances telles que la Grande-Bretagne, la France, les Etats-Unis, l'Italie et le Japon poursuivent avec ténacité leur politique de production et d'expansion. C'est ainsi que certaines vieilles nations de l'Europe centrale ont reconquis leur indépendance et se sont

reconstruites sur les ruines du panger-
manisme et du tzarisme. C'est ainsi que
les Jeunes-Turcs ont barré la route à
leurs envahisseurs et ont établi la grande
et glorieuse République d'Angora, portant un coup exemplaire à l'impérialisme
britannique. C'est ainsi que les Egyptiens
et les Hindous ont redoublé leurs efforts
de libération nationale. C'est ainsi que
les peuples arabes ont commencé à affirmer leur volonté de vivre. C'est ainsi que
la nation perse elle-même semblait s'être
affranchie du joug anglo-russe grâce à
son nouveau chef Riza-Khan.

Au milieu de ce mouvement très carac-
téristique de notre époque, la Chine, principal représentant de la race et de la civilisation jaunes et que des circonstances
malheureuses ont réléguée au second
plan de la scène politique mondiale, ne
fait pas exception à cette loi d'évolution
générale. Les pressions politico-économi-
ques dont elle est victime depuis plus de
quatre-vingts ans ont déterminé, dans ce

pays de labeur et de pacifisme, une réaction absolument semblable.

Sans doute on a pu s'en rendre compte lors des récents événements de Shanghaï, de Hankéou et de Canton. Mais ce phénomène politico-social qu'on appelle souvent le réveil de la conscience nationale chinoise n'est pas le fait d'un seul jour. Il est l'aboutissement logique de la pensée et de l'action de plusieurs générations successives. Il est aussi, comme nous l'avons dit, une réaction déterminée par des causes extérieures.

A vrai dire, les Mandchous, dont l'oppression gouvernementale a été justement célèbre, n'avaient pas réussi complètement à refouler le sentiment national des Chinois dans la région obscure de leur conscience. Latente chez les masses populaires, cette conscience collective était restée vivace chez une minorité de penseurs et de patriotes, qui ont su maintenir cette tradition et la communiquer à la jeunesse d'aujourd'hui. C'est elle qui avait inspiré les révolutionnaires des

Tai-Ping, promoteurs d'une Républlque paradisiaque de la Paix perpétuelle. C'est elle qui avait poussé les réformistes martyrs de 1898. C'est elle qui avait provoqué la chute de la dynastie des Tsing. C'est elle, enfin, qui a déterminé les sublimes protestations populaires de 1925 contre les brutalités anglaises.

En effet, à mesure que les pressions extérieures deviennent plus fortes, la conscience nationale chinoise devient elle aussi plus vivante et plus agissante. Il suffit de rappeler les iniquités et les cruautés qu'on a commises chez nous pour se rendre compte de ce parallélisme. Sans parler des humiliations et des préjudices que nous avons subis par suite de traités injustes, sans parler de toutes les pertes de vies et de biens que nous ont values les invasions, faisons cependant intervenir ici quelques témoignages impartiaux sur la fameuse expédition internationale de 1900 pour montrer la parfaite légitimité de notre résistance qu'on qualifie tendancieusement de xénophobie.

Voici en quels termes, M. Paul Warin nous raconte le pillage en règle de Pékin par les armées interalliées :

« Après que tout ce qui pouvait s'emporter eut passé dans les sacs ou pris place sur les fourgons à bagages, après que les hommes eurent dormi ou paillardé sur les étoffes les plus précieuses, on chargea le feu d'achever cette œuvre. Le Palais d'Eté devint la proie des flammes : bibliothèque pleine des produits littéraires de plus de quarante générations, pagodes deux ou trois fois plus vieilles que les plus anciens monuments de l'Europe, palais, kiosques, ponts pittoresques, terrasses, vases, statues de granit, de marbre, tout n'est plus aujourd'hui ! »

Nous ne savons pas si les Allemands en auraient fait autant s'ils étaient entrés à Paris pendant la Grande Guerre !

Ecoutons maintenant le rédacteur de la *Revue Blanche*, M. Alexandre Ular, qui écrit le 15 janvier 1901 :

« A la Résidence, le palais **impérial a**
été souillé, les ambassadeurs et leurs
femmes mêmes ont volé les inestimables
objets d'art des appartements intérieurs.
Ces ignobles contempteurs des sciences
ont brûlé en partie la grande bibliothèque; et comme des chiens pour un os, ils
se sont battus entre eux pour les célèbres
instruments de l'Observatoire impérial.
Quant à la Bibliothèque, c'est le plus
grand désastre qui, depuis l'année 625,
date de la destruction de la bibliothèque
d'Alexandrie, ait frappé la civilisation.
Les pertes, surtout celles de la grande
Encyclopédie furent absolument irrémé-
diables. »

M. André Lomlot nous a donné lui
aussi des renseignements très précis sur
les actes de barbarie de cette sainte croi-
sade. A Blogoust-chensh, 5.000 Chinois,
hommes, femmes et enfants, sont poussés
dans le fleuve Amour par les troupes russes du général Gribsky. A Tien-Tsin les
victimes de cette invasion jonchaient la

terre, de sorte que le *Temps* du 19 janvier 1904 a pu écrire :

« Ils (les Chinois) ne se sont pas défendus, on les a tués comme des veaux ; ils se couchaient pour recevoir le coup de baïonnette ».

Comme on le voit, il est à la fois naturel et juste qu'après toutes ces monstruosités qui se perpétuent avec le régime d'exploitation instauré en Chine par la force des armes et qui se sont renouvelées dans les récentes tueries de Shanghaï, les Chinois se révoltent et réagissent

C'est pourquoi depuis quelques années déjà, notre conscience nationale restée à l'état diffus, devient de jour en jour plus organisée. Partout dans le pays, un seul souffle patriotique anime les hommes de l'ordre et du progrès. C'est ainsi qu'à une période d'abaissement, de défaitisme et de doute, succède dès maintenant une ère d'efforts, de réorganisation, de lutte et de confiance. Bientôt, grâce à la vertu millénaire de notre peuple, nous parviendrons certainement à consolider notre situation politique et à construire un état centralisé et fort, dans l'intérêt même de la civilisation géhérale et de la paix du monde.

Et n'en déplaise à M. Marcel Monnier qui croit la Société chinoise sans cohésion et qui compare les familles chinoises à des « compartiments étanches maintenant à flot sur un navire désemparé », nous affirmons que le peuple chinois est déjà uni dans une même pensée, qui n'est plus celle de tel philosophe ou de tel lettré mais des « jeunes », pour une action commune, vigoureuse et salutaire.

YANG-KON-TA.

Le 20 Décembre 1925.

LA FRANCE

ET LES

DERNIERS ÉVÉNEMENTS DE CHINE

Quelques considérations sur la Xénophobie et le Bolchevisme

Un Chinois visitant nos pays d'Europe, éprouverait une certaine surprise en voyant ce qui se passe dans nos villes. S'il écrivait dans les journaux de son pays, il ne manquerait pas de représenter notre civilisation comme entièrement bolchevisée, et les arguments ne lui manqueraient pas pour soutenir une telle affirmation. Qu'il me suffise de rappeler quelques événements encore présents à nos mémoires : le transfert des cendres de Jaurès au Panthéon alors que le gouvernement français défilait en tête d'un cortège, où flottait, tout étonné d'être là,

un seul drapeau tricolore au milieu de
centaines de drapeaux rouges; les grèves
du Havre, Douarnenez; la rue Damré-
mont ; une manifestation communiste
obstruant les entrées de l'Opéra; tout récemment encore, la grève des Banques;
sans compter les soviets qui tiennent ouvertement leurs assises à Paris, à Lille et
dans d'autres villes; certaines séances de
la Chambre des Députés édifiantes par
leur tenue.... et autres faits semblables.
Ces mêmes phénomènes sociaux qui se
sont produits en France se reproduisent à
différents degrés d'intensité dans toute
l'Europe occidentale. Est-ce qu'alors les
peuples d'Extrême-Orient renseignés par
des journalistes à courte vue, ne seraient
point incités à croire que l'Europe est
complètement bolchevisée et à crier bien
haut qu'il en est fait de nos civilisations
démocratiques ?

S'il n'en est pas ainsi, c'est que nos visi-
teurs Extrême-Orientaux, contrairement
à ce que peuvent penser et dire quelques
coloniaux de race blanche, sont animés

d'un esprit tout à fait impartial qui ne demande qu'à connaître, juger nos milieux et à s'y adapter. Ils n'ont pas, comme certains de nos compatriotes, des idées toutes faites, immuables, que l'on a eues à vingt ans et que l'on conserve dans les vieux jours sans tenir compte des faits nouveaux qui ont pu surgir, de l'évolution sociale, des transformations dans les esprits. *On doit donc rendre hommage à nos hôtes d'Orient, à nos amis chinois, de ne point nous dénigrer chez eux, alors qu'en France toute une presse aveugle ne fait que les couvrir d'injures.*

Dans cette absence de dénigrement systématique de notre civilisation française par les Chinois, il ne faut pas seulement voir une preuve de courtoisie, mais aussi de grande sagesse. Ils viennent chez nous, désireux de connaître tout ce qu'il y a de bon, de nouveau, dans nos sociétés industrielles et ils essaient de se l'assimiler. Certes, ils ne sont pas disposés à trouver que tout est pour le mieux dans le meilleur des mondes, car ils savent qu'il n'a jamais existé de société sans éléments de troubles et que le bien n'a d'autre raison d'être que le mal. Orgueilleux à juste titre de leur vieille civilisation, cet orgueil ne les empêche pas de sentir les côtés supérieurs de nos civilisations capitalistes que sont forcés d'adopter maintenant tous les peuples qui veulent vivre. En conséquence, ils ont déjà compris la grande tâche qui leur incombait et ils sont disposés à œuvrer pour que se réalise la grande Chine, la formidable nation industrielle et commerciale de demain, la Chine libre, facteur de paix dans un monde où les ambitions auront perdu de leur caractère agressif. Entre ce rêve, réalité de demain, et les réalités d'aujourd'hui, il peut sembler qu'un gouffre existe. La Chine, non... la Chine des Tou-Kiuns rivaux les uns des autres; le gouvernement de Pékin immobilisé dans l'enceinte de la capitale, le parlement pourri, les postes, les douanes, les ports chinois sous le contrôle des différents pays étrangers; la misère,

les guerres, les invasions, le bolchevisme
naissant, l'anarchie, voilà tout ce qu'il
reste du vieil empire. Est-ce qu'en voyant
ce présent on doive désespérer de l'avenir? Je ne le pense pas et l'histoire de tous
les peuples est là pour nous en donner un
vivifiant exemple. Jamais, dans l'histoire,
on n'a vu sotrir de nation nouvelle sans
que des troubles, des guerres, des famines,
ne se soient produits. La naissance des
peuples, comme celle des hommes, doit
se faire dans la douleur. Des cendres de
l'Empire des fleurs, une nouvelle Chine
naîtra, et c'est avec émotion que je vois
toute une jeunesse chinoise enthousiaste,
patriotique, espérant en l'avenir, accepter
la lourde tâche qui lui incombe, ayant
déjà vaincu puisqu'elle a cette foi, celle
qui fait les peuples forts. Français, je me
tourne vers mon pays qui a été, est, et
veut rester le champion de la libération
des peuples. C'est le peuple généreux qui
aida la Belgique, l'Italie, à reconquérir
leur indépendance; c'est le peuple de la
Grande Guerre qui fit surgir d'une op-

pression séculaire les volontés nationales. En Orient, il y aura une grande tâche à accomplir, et malgré tout ce qui a pu se commettre de fautes, d'erreurs, malgré les malentendus, la France saura joindre sa voix amie à la proclamation d'une Chine libre et unie.

Xénophobie et Bolchevisme, de grâce, messieurs les journalistes, si ce péril existe, il est surtout dans vos cerveaux. Est-ce donc là le résultat de plus d'un siècle de contact étroit entre deux peuples, d'une propagande de tout instant et d'efforts d'hommes aux idées généreuses? Des milliers d'étudiants chinois sont venus en France; ils connaissent notre langue, savent quelle est notre vie, ne demandent qu'à travailler avec nous. Pour eux, notre gouvernement a fondé à Lyon, l'Institut Franco-Chinois; à Paris, il a mis à leur disposition des locaux où ils peuvent se réunir, où l'hospitalité la plus large leur est faite. Ils apprennent à nous aimer. Mais soudain, dans leur pays, par les balles anglaises, des ouvriers, des étudiants sont massacrés. Alors dans la presse française, pour aider à cette œuvre de prestige de notre pays, écrits par des Français, paraissent des articles où s'exerce une critique (?) acerbe sur « l'état d'esprit déplorable des jeunes Chinois ». Voici des phrases, prises au milieu de tant d'autres: « Un *étudiant* se reconnaît à ce qu'il *étudie.*» « Dans la Chine moderne, l'*étudiant,* s'il lui arrive d'étudier, ne le fait pas exprès.» » C'est le champion national, un Tartarin, la drôlerie en moins, un don Quichotte sans chevalerie.» Voilà avec quelle drôlerie et avec quelle chevalerie on juge le patriotisme des autres. Est-ce que chez nous, pour des causes souvent moins nobles que celles des milliers d'étudiants chinois, nos étudiants abandonnant là livres et cahiers ne sont point descendus dans la rue? Les en avez-vous blâmés, Monsieur Georges Dubarbier? Etudier n'empêche pas d'avoir du cœur, au contraire.

Le bolchevisme! Il y a 450.000.000 d'habitants en chine, dont les 8/10e sont des paysans. La base de la Société est la famille. Le vieil esprit de Confucius imprègne toujours les esprits. Sont-ce là facteurs de bolchevisation? Seuls quelques grands centres ont vu, avec l'apparition des usines, la naissance d'un prolétariat chinois. Allons-nous crier au miracle en voyant des grèves en Chine? Si ces grèves sont conduites par des bolchevistes, allons-nous crier à la bolchevisation du pays? Il y aurait là *ignorance ou mauvaise foi.*

Alors, messieurs mes compatriotes, que n'auriez-vous pas écrit de Sun Yat Sen, si un blanc cortège mortuaire pointillé de drapeaux rouges aux emblèmes soviétiques, eût défilé dans les rues de Pékin, conduit par le Gouvernement chinois, Président du Conseil en tête?

Un peu de lumière

Je ne reprendrai point l'examen des faits, grèves, escarmouches, massacres. Chercher à déterminer pour chacun d'eux la part de responsabilité qui en incombe aux Anglais, Japonais ou Chinois, ne ferait pas avancer l'explication de l'état de choses en Chine. Ces troubles ne sont que les phénomènes extérieurs, les bulles de vapeur qui montent à la surface d'un liquide surchauffé. Il nous faut essayer de discerner les raisons profondes qui ont causé ces mouvements, la ou les sources de chaleur, causes de l'ébullition.

Faire l'historique des guerres de Chine depuis 1842, de la diplomatie européenne et japonaise avec les différents gouvernements qui se sont succédé en Chine, n'entre pas dans le cadre de notre étude. Cette question, largement traitée par ailleurs, est celle d'une douloureuse histoire qui eut, pour cause essentielle, l'ignorance mutuelle entre les peuples d'Orient et d'Occident. L'Empire n'avait pas compris les nécessités d'expansion commerciale de nos pays. Jusque là, il avait vécu isolé, se suffisant à lui-même. Il ne vit, dans les premiers Européens qui vinrent sur son sol, que des êtres turbulents auxquels il fut de toute nécessité d'imposer quelques règles. Jamais il n'eût été à même de supposer que ces étrangers étaient les pionniers d'une nouvelle civilisation qui devait transformer le monde entier, la Chine y comprise. S'il en était parmi eux, missionnaires, savants, capables de comprendre qu'une politique tout amicale, pouvait progressivement amener l'ouverture de la Chine, les autres, *véritables aventuriers,* agissaient en ignorant totalement l'Empire du Milieu. Leur moindre souci, d'ailleurs, était celui de s'en instruire. Naturellement, cette incompréhension engendra des guerres sanctionnées par des traités dont, de part et d'autre, on était loin de supposer toute la portée future. Et ce sont ces traités qui pèsent maintenant sur ce pays où les douanes, les ports, la gabelle, sont à la quasi-disposition des vainqueurs cantonnés dans les concessions, centres vitaux de la Chine. *Nier que cette histoire ne pèse point dans la balance de la responsabilité des troubles actuels, serait nier l'évidence même.* Première raison.

La seconde raison, qui se lie d'ailleurs à la première, est celle de la transformation économique du pays. Sans entrer dans plus de détails, qu'il me suffise de rappeler l'histoire anglaise du XIXᵉ siècle, lors de l'apparition de l'usine, de la formidable industrie, qui concentrait dans les villes un prolétariat de misère. Des mouvements de révolte secouèrent ces masses. En Chine, la même histoire se reproduit, avec ceci en plus... la « Xénophobie ».

La troisième raison est contenue dans l'explication de cette soi-disant xénophobie. Les luttes entre employés et employeurs revêtent en Chine un caractère tout spécial, du fait que les employeurs sont, pour la plupart, des étrangers, en majorité Anglais et Japonais. Sans tenir compte de l'enseignement du passé, ces employeurs, contre tout sentiment humain, font travailler dans leurs usines des enfants, garçons et filles au-dessous de 12 ans. On ignore la journée de huit heures. C'est la journée de travail de 10, 12 heures et plus, rétribuée à de très bas salaires. Les châtiments corporels sont d'usage. Naturellement, il est compréhensible que le « Rien à y perdre, Tout à gagner » communiste, trouve dans cette misère un bouillon de culture favorable. Dirigé contre les employeurs étrangers, le mouvement ouvrier chinois ne restera pas, on le pense bien, sur le terrain syndical. Et lorsque les étrangers, forts de leur droit d'exterritorialité, emploieront les moyens violents pour la répression, lorsque le sang chinois coulera, versé par les balles anglaises ou japonaises, ce ne seront plus seulement les ouvriers qui manifesteront, mais la Chine entière. Elle n'a que ce moyen de protester; elle en use.

La quatrième raison sera admise par tout le monde; c'est la faiblesse d'un gouvernement écrasé de dettes extérieures, n'ayant aucune autorité dans une Chine plus ou moins divisée, en proie à la guerre civile, et tremblant à chaque instant qu'une guerre internationale n'éclate sur son sol, à cause des ambitions étrangères.

La cinquième et dernière raison importante de l'explication des troubles est l'apparition du facteur soviétique. Cette dernière explication de troubles ne s'applique pas exclusivement à la Chine. On peut la généraliser pour le monde entier, sans crainte d'être contredit.

Il entre dans les plans de l'Internationale Communiste « de soutenir les nationalités faibles, en proie aux convoitises étrangères ». Ce n'est plus l'impérialisme du poing, c'est celui de la duplicité, qui a inauguré aussi bien sur le terrain de bataille économique que sur le terrain militaire une nouvelle tactique de lutte. Les militaires crient à la déloyauté. S'attaquer au moral des troupes adverses, quelle hérésie militaire! De leur côté, nos économistes, nos politiciens, les hommes de nos gouvernements trouvent eux aussi, qu'elle n'est pas de jeu la nouvelle tactique diplomatique d'impérialisme bolcheviste. Comme tous ces hommes ont vécu dans l'ancien temps du *fair play*, ils ne savent maintenant (les Américains excepté) qu'injurier, crier, gémir, menacer. Devant un péril exigeant d'eux un changement complet de tactique, alors qu'ils doivent regarder vers l'avenir, ils ne savent que plonger leurs regards dans ce passé qui fut le leur, et c'est la vieille tactique qui revient sur le tapis, la vieille arme rouillée, ébréchée, en face de la science, des gaz bolchevistes. Les vaines menaces de Chamberlain, les appels à l'union pour frapper « les responsables des troubles » (?), de tout cela, les communistes rient ouvertement. M. Chamberlain leur fait de la propagande. Alors Zinovieff écrit, Karakhan s'agite à Pékin, des manifestations en faveur de la Chine sont faites à Moscou; puis viennent l'affaire Dosser et la découverte des documents habituels. Il n'en faut rien moins pour que les Anglais chantent la complainte de la bolchevisation de la Chine que des Français reprennent au refrain.

La politique française en Chine

Pendant quatre mois, j'ai vainement cherché dans nos journaux, nos revues, j'ai essayé de deviner dans les actes des dirigeants français, la trace d'une politique française en Chine. J'en suis arrivé à cette conclusion : la politique française en Chine n'existe pas. Je le savais d'ailleurs depuis longtemps ; ma certitude n'a fait que se renforcer.

MM. le D* Legendre et H. de Jouvenel, effrayés par la « Xénophobie et le Bolchevisme » nouvelles formes du péril jaune, veulent la réédition de la vieille histoire. Tous frères, Anglais, Français, Japonais, Américains et... Allemands en face d'une Asie... etc. M. Dubosq, dans le *Temps,* conserve l'attitude plutôt bienveillante du « wait and see » digne du journal. M. Jean Rodes se rencontre dans ses conclusions avec MM. Legendre et de Jouvenel, déplorant, au-dessus de tout, la malheureuse conférence de Washington où les Américains, dans un but intéressé d'ailleurs, divisèrent le bloc de la race blanche en face des Célestes.

Un Français s'intéressant aux affaires de Chine et jugeant sans passion, n'est pas peu surpris d'entendre ces cris d'effroi poussés par notre grande presse. On pourrait en rire, mais la chose étant d'importance, on ne peut se défendre d'un mouvement d'inquiétude en songeant au grand peuple trop crédule qui accepte, sans contrôle, tout ce qui s'imprime. J'ai lu dans la Revue du Pacifique l'opinion d'un Français qui, certes, connaissait bien la Chine. « Autrefois, écrivait-il en substance, on pouvait penser qu'une Chine forte était un danger pour le monde entier ; puissent les diplomates d'aujourd'hui songer à la Chine faible, cet autre danger.» Appuyant ces paroles, voici de M. Archimbaut (Revue du Pacifique d'octobre 1922) : « La puissance qui, la première affirmera son empire économique et par suite politique, sur ce formidable marché presque vierge, réservoir inépuisable de main-d'œuvre et de matières premières, exercera fatalement une véritable hégémonie sur les autres nations réduites dès lors au rôle de simples satellites.»

Voilà des paroles qui ne manquent point de vérité. Sans grand effort, on peut en conclure que le fameux péril jaune n'est pas en Chine, mais bien dans les ambitions anglaises, japonaises, américaines, russes, et il faut l'avouer, françaises aussi. Chacun de ces pays possède sa tactique, sa politique; et ces politiques nécessairement tendues vers le même but, en viennent forcément à se heurter. C'est alors que les menaces de guerre surgissent. La Conférence de Washington fut le cri de guerre des Etats-Unis; la politique sournoise de Karakhan prépare le terrain de lutte des Soviets pour la conquête de la Chine; les Japonais, dérangés dans leur vieille politique, s'essaient à militariser leur pays; les Anglais voyant la suprématie du monde leur échapper, ne rêvent que plaies et bosses; la France, ou plutôt des Français (je ne parle pas de ceux qui résument le tout par *Xénophobie* et *Bolchevisme*), se contentent d'agir en jugeant des situations de faits particuliers, se gardant d'avoir une opinion générale, c'est-à-dire une politique. Les uns et les autres tirent à hue et à dia. Alors que notre presse mène une *politique anglaise,* en Chine, face aux événements, une personne, et pas de petite importance, M. le comte de Martel, ministre de France à Pékin, remit à la presse une communication que publièrent nos journaux du 3 août. Publication faite, sans commentaires bien entendu, du texte ci-dessous:

« Une partie de la presse anglaise essaie de créer l'impression que les Français agissent isolément, sans tenir compte des autres. On a dit notamment qu'on a donné au Consul de France en Chine, l'instruction de ne pas agir solidairement avec les consuls des autres puissances.

Le ministre de France déclare ensuite que les fusiliers-marins français n'ont pas été envoyés à la concession internationale à Shanghaï parce que leur premier devoir est de défendre la concession française.

Les navires de guerre français ont entrepris la tâche de ravitailler des réfugiés britanniques à Chungsing, au risque de provoquer un mouvement hostile contre les Français. A Canton, la flotille française a patrouillé la rivière, de concert avec les canonnières britanniques, et les autorités navales et consulaires des deux pays restent étroitement en contact. Aucune instruction n'a été adressée aux consuls de France des autres localités, excepté celle d'adopter l'attitude qu'exige la situation dans laquelle sont placées les colonies étrangères.

Le reproche de rompre la solidarité émane de la même partie de la presse qui a déclaré récemment que, par sa participation active aux négociations, le ministre de France s'immisçait d'une façon injustifiable dans une affaire qui touchait principalement aux intérêts britanniques.»

Le ministre de France conclut ainsi: Veut-on que nous mettions la concession française à feu et à sang pour prouver notre esprit de solidarité, tel du moins que le comprennent certaines personnes? M. de Martel a dû s'apercevoir, non sans douleur, que ces personnes-là ne sont pas seulement des étrangers, *mais aussi une grande partie de ses compatriotes.*

Un fait non moins saillant, et qui eût pu donner à réfléchir à tous les Français *satellites de la Great Britain,* est la manifestation toute spontanée faite en l'honneur de la France dans la concession française de Shanghaï à l'occasion de la fête nationale du 14 Juillet. Publié le 15 juillet dans notre presse qui mena *la campagne au profit du roi... d'Angleterre,* ce petit entrefilet de malheur, son de cloche qui détonnait étrangement au milieu des autres, fut, comme bien on le pense, passé au bleu, escamoté. C'était un *élément gênant:*

« La France est acclamée à Shanghaï par 200.000 Chinois »

« SHANGHAI, 14 juillet. — Dans les rues de la Concession française de Shanghaï, à l'occasion du 14 juillet, plus de 200.000 Chinois ont acclamé nos trois couleurs aux cris de : « Vive la France ! ».

Publication faite sans commentaires, elle aussi. Et cependant, M. Legendre, vous eussiez pu écrire, vous servant de ce fait à l'usage de votre thèse favorite, de votre marotte « Xénophobie et Bolchevisme » : Cette manifestation populaire de plus de 200.000 Chinois montre l'esprit de fourberie de ce peuple qui essaie de diviser par tous les moyens le bloc de la race blanche.

Que de belles choses n'eussiez-vous point écrit là-dessus. Si vous ne l'avez pas fait, *est-ce oubli ou scrupule de votre part?*

En résumé, on peut dire que la France n'a pas encore trouvé la voie d'une politique Extrême-Orientale digne de ses idées, et il faut l'avouer, de ses intérêts. Cela tient en grande partie à ce qu'elle n'a pas su grouper en un faisceau unique, tous les intérêts qu'elle possède dans le Pacifique. Une politique française en Extrême-Orient, si elle procède d'un idéal français, doit se placer sur une base matérielle, celle des intérêts de l'Autre France, c'est-à-dire de l'Indo-Chine. Or, l'Indo-Chine n'a pas de politique propre, Trop enchaînée à la métropole, elle ne représente dans le Pacifique qu'une étendue de terrain. C'est une colonie. En tant que colonie, elle ne peut décider librement de l'orientation de ses intérêts et par conséquent avoir une solide politique avec laquelle les autres nations du globe devraient compter. Sans m'étendre sur la question, quoiqu'en désaccord sur bien des points avec M. Archimbaut, qui eut l'honneur de lancer l'idée, et le courage de lutter pour sa réalisation, je ne peux que regretter l'absence du dominion français du Pacifique qui unirait tous nos intérêts français d'Extrême-Orient. Si une telle idée eût été réalisée, peut-être n'eussions-nous pas vu des Français servir uné politique anglaise, de laquelle nous ne pourrions récolter que les mauvais résultats. On eût alors pensé à l'Autre France, ce que ne surent faire, en aucune façon, les personnes qui menèrent dans notre pays la campagne anglaise de ces derniers mois !

Des résultats d'un manque de politique française en Chine

Le premier de ces résultats découle des injures, calomnies inévitables, que lancèrent, je veux le croire, sans réflexion, les journaux français de France contre tous les Chinois qui eurent « l'audace » d'être des patriotes. Naturellement point n'est besoin d'un grand prophète pour en conclure à *une aliénation partielle de nos sympathies en Chine!* Rire de revendications légitimes, insulter aux efforts de ceux qui luttent pour une noble cause, ne peut en faire que des désespérés. Le piège bolcheviste est là, tendu pour tous ceux qu'envahit le désespoir. *Si des Chinois vont vers le bolchevisme c'est qu'ils n'ont pas toujours trouvé auprès des nations européennes l'appui moral sur lequel ils eussent été en droit de compter.* Plus de 200.000 Chinois ont applaudi nos trois couleurs dans la Concession française de Shanghaï. *L'eussent-ils fait après avoir lu la collection du journal* Le Matin *de ces trois derniers mois? En tout cas, dans les milieux chinois en France, j'ai pu constater, en personne, l'œuvre accomplie!* Nous comptons dans ces milieux étudiants chinois des sympathies sincères. *De quelle douleur ne furent point saisis ces amis chinois en butte à un tel dénigrement,* alors que manifestement le bon droit était pour eux! *Il y en eut qui se turent, afin de ne pas insulter par leurs paroles de désespoir, le pays où ils jouissent de l'hospitalité la plus large. D'autres, dans des publications, s'attachèrent à réfuter, sur un ton véhément, toutes les erreurs commises par nos jour-*

nalistes, les paroles prononcées contre leur pays par des Français, qui eussent dû, sachant pertinemment tout ce qui se passait en Chine, prendre en toute générosité la défense des calomniés. Si l'on peut regretter quelquefois la trop grande exaltation patriotique de certaines pages de ces publications parce qu'empêchant un examen approfondi et méthodique de certaines questions où le sang-froid doit primer les sentiments, pour cette fois, au sujet de ces derniers événements, on ne peut trouver en son cœur le courage de blâmer le ton des articles publiés en réponse à toute la campagne des fausses nouvelles et des mensonges. *Ce ton-là, nous autres, Français, nous l'avons mérité. Qui sème le vent, récolte la tempête. Si nous n'avons pas récolté la tempête, nous le devons au bon sens chinois.* Certes, nous nous sommes certainement aliéné, momentanément, de précieuses sympathies, mais le mal n'est pas irréparable. *Par une bonne politique française nous pouvons racheter nos erreurs, re-*

gagner le terrain perdu et nous achemi-
ner à la conquête de sympathies qui ne
demandent qu'à se manifester à nous.

Le second résultat important d'un manque de politique française en Extrême-Orient est la figure de nation faible que prend la France dans le Pacifique. Lors de la conférence de Washington, que de fois n'a-t-on pas écrit dans nos journaux que la France était évincée des débats, tenue systématiquement à l'écart. A ce moment, on disait: « La France a des intérêts dans cette partie du monde. La France est voisine de la Chine; elle a donc le droit de se faire entendre, plus fort même que ne se font entendre les voix américaines.

De tout cela rejeter la faute sur les Américains, les Anglais, les Japonais et les Chinois me semble un peu simpliste. En grande partie, il n'en tient qu'à nous autres, Français de toutes ces choses. Au lieu de louvoyer entre deux politiques, l'américaine et l'anglaise, ce qui ne peut manquer de nous valoir, selon les événements, d'être considérés soit comme quantité négligeable, soit comme un bon parti duquel on pourra tirer beaucoup de profits sans qu'il en coûte trop, il nous faudrait, puisque nos intérêts, ceux de l'Indo-Chine sont formidables, avoir une ligne de conduite loyale et franche qui saurait éviter les périls de conflits armés. Alors, verrions-nous peut-être un changement s'opérer. *L'Autre France aurait la gloire de dicter sa politique d'une voix entendue du Monde entier. L'amitié chinoise qu'elle recueillerait, saurait la mettre à l'abri des convoitises japonaises et empêcherait les Américains de la considérer comme un simple terrain à vendre.*

Il faut, en définitive, que l'Autre France devienne une nation et qu'elle puisse le rester. Elle ne peut y arriver que dans la paix, et la paix, pour elle, c'est la sécurité de ses frontières, c'est-à-dire une *Chine forte et amie.*

De la future politique française en Chine et de ses conséquences probables

Il est loin de ma pensée, après ce court exposé des facteurs expliquant, d'une façon encore bien incomplète, les causes profondes des troubles qui agitent la Chine actuelle, de donner la solution-remède qui doit permettre de stabiliser la situation. Les intérêts en présence sont formidables, les situations de fait compliquées. Ce qui, dans un exposé général comme celui-ci paraît quelquefois très simple, est en réalité d'une extrême complexité. Il faut bien se convaincre que toutes les questions économiques, politiques, diplomatiques sont étroitement enchevêtrées. Expliquer convenablement la question chinoise, c'est amener à l'étude la question de la politique du monde entier. Ce serait faire preuve d'enfantillage ou de fatuité que prétendre résoudre une telle question qui dépend de tant de facteurs. La seule chose que peuvent faire les hommes en face de ces situations de faits, de ces intérêts si opposés, c'est d'avoir une politique qui tende à faire pencher la balance économique soit du côté de la guerre, soit de celui de la paix. Aller vers la guerre, c'est aller vers une complication plus grande des troubles. Solution catastrophique; la solution négative des vaincus. Œuvrer pour la paix permet au monde d'acquérir la stabilité économique dans laquelle peuvent se résoudre petit à petit les problèmes brûlants dont dépend le bonheur des peuples.

Considérant tout ce qui fut dit dans le développement de cet exposé, je crois pouvoir formuler quelles devraient être les règles d'une politique active qui pourrait être celle des Français conscients de leur devoir d'hommes, c'est-à-dire de patriotes.

1) *Combattre en soi, et chez es autres, cet état d'esprit absurde d'une supériorité de race blanche ou jaune.* — Cet état d'esprit, chez les peuples de race blanche n'est souvent que la manifestation d'une

ignorance profonde **de la vie des autres** peuples auxquels ils ont dû s'imposer par la force. Pour ce qui nous concerne, que l'on apprenne à connaître et à faire connaître autour de soi la civilisation, les coutumes, les mœurs de la Chine, que l'on envisage les phénomènes sociaux qui se produisent sur les débris du vieil empire avec *autant d'indulgence et d'objectivité que l'on examine ceux qui se produisent dans nos propres pays;* alors, disparaîtront toutes les injures, les menaces qui ne sont après tout qu'une marque évidente d'un manque de sang-froid, d'une incapacité de jugement. Accomplir des efforts sincères pour que disparaisse de nos sociétés européennes l'idée erronée d'une supériorité de race, nous vaudra une confiance de plus en plus grande de la part des Asiatiques. *Au lieu de les combattre, de les couvrir de calomnies, apprenons à les aimer;* c'est ainsi que nous en arriverons à renforcer en eux le courant de sympathie qui les porte vers nous, courant nécessaire à la disparition de l'antagonisme des races. L'ouvrage sur ce terrain est énorme à accomplir. Il est utile que, de part et d'autre, des efforts d'interpénétration de nos civilisations occidentales et orientales soient tentés. La propagande sur ce terrain revêtira mille formes : intellectuelle, morale, commerciale, industrielle. Certes on ne peut prévoir quels seront les résultats de la mise en œuvre de telles idées directrices, on ne peut même pas soupçonner la somme de bonheur qui peut en découler pour le monde. C'est tout le problème de l'avenir, la constitution définitive des sociétés futures, nations libres dans un monde libre. *Travailler à une œuvre de rapprochement des différentes races, c'est combattre l'ignorance, la méchanceté, la fourberie, la guerre ;* c'est aller vers la paix en proclamant la vérité, en dénonçant aux peuples les mensonges de ceux dont les doctrines engagent les frères d'un même pays à s'entr'égorger. Dans et par la démocratie réaliser la grande Société des Nations, voilà le but à atteindre.

2) Découlant d'une telle politique générale d'idées, les autres règles de conduite à adopter envers le grand peuple d'Extrême-Orient ne peuvent qu'être imprégnées du souci d'examiner avec bienveillance la solution des problèmes vitaux qui se posent au début de la formation de la jeune République chinoise. *Bien fou serait celui-là, disant que les vieux traités sont immuables.* Sans même m'inspirer de Lao Tse, je lui répondrais que la vie, comme l'eau, se charge de polir les surfaces les plus rugueuses, de rompre les digues les mieux construites, de modifier l'aspect des continents. Les règles fixes, les lois rigides, il faut laisser cela à une morale désuète. Envisageons la vie pour ne pas être noyés par le flot qui monte. *Ce qui, autrefois, a pu être utile, est devenu nuisible aujourd'hui. Les traités imposés il y a plus de quatre-vingts ans, ont eu leur nécessité, sans doute, maintenant, ils sont comme de vieux édifices, risquant de nous tomber sur la tête. Leur révision s'impose avec force.* Il est certaines de

leurs clauses qui demandent une suppression, sinon immédiate, tout au moins
progressive. Petit à petit, au fur et à mesure du développement des sentiments
patriotiques chinois, l'abandon des clauses d'exterritorialité, de l'administration
des services vitaux de la Chine, douanes,
postes, perception des impôts, devront
être consentis au gouvernement républicain par les nations d'Europe et d'Amérique. L'aide financière à apporter au
Gouvernement chinois qui se débat au
milieu de difficultés sans nombre, ne devra pas avoir pour but son asservissement
à la ou aux nations créancières. Est-ce à
dire que les capitaux étrangers ne devront pas aider, pour le bonheur même
du peuple, à l'industrialisation du pays?
Tout au contraire. Il serait folie de prêcher une sorte de porte fermée. Les premiers à combattre une tele idée seraient
les Chinois eux-mêmes. Porte largement
ouverte à tous les capitaux, mais il ne
faut pas que leur invasion constitue une
base d'asservissement **du gouvernement**

de la Chine. Il est nécessaire que celui-ci soit à même de protéger le commerce et l'industrie nationaux. Porte ouverte, mais sous le contrôle gouvernemental, seule condition de l'établissement en Chine d'un pouvoir capable de réprimer les troubles, de guider le pays vers une paix intérieure et de donner au monde l'assurance de la stablité économique d'où découlera la paix universelle.

On pourra poser la question: « Pour mener à bien une telle politique, faudra-t-il se séparer délibéremment des autres peuples de race blanche ? » La question ainsi posée n'admet pas de réponse, car elle est absurde. Cela dépend d'un tel amalgame de situations imprévues, qu'il est impossible, en toute simplicité, qu'une semblable question se pose. Une séparation absolue, brutale, ne peut résulter d'une telle politique. Au contraire, restant au milieu des Anglais, des Américains, des Japonais, des Russes, notre tâche sera de les engager sur le terrain politique d'amitié franco-chinoise; de critiquer leurs fautes; de se refuser à les suivre comme on l'a déjà fait au sujet d'affaires dans lesquelles ils étaient manifestement en mauvaise posture; de poser à tout moment les questions brûlantes à l'ordre du jour et de s'essayer à les résoudre en commun, dans le sens de la paix. Pour éviter ou restreindre les troubles ouvriers exploités par les bolchevistes contre les employeurs étrangers, il nous faut exiger des lois ouvrières chinoises ayant force d'application sur tout le territoire de la République, et qu'une police chinoise se chargera elle-même de faire respecter.

Il se peut, dans l'avenir, il est même certain que des discussions entre nations s'élèvent dans le Pacifique, bruits avant-coureurs de guerres. Il sera peut-être à l'honneur de notre pays, *grande nation dans cette partie du Monde*, nation éclairée, d'indiquer aux peuples où se trouve le Droit. Alors, aux côtés de la Chine amie elle empêchera, par son prestige une nouvelle course aux folies génératrices du chaos, de l'anarchie.

Une telle politique se basant essentiellement sur les faits, ne peut manquer d'être forte; s'inspirant de l'idée de Droit, elle s'élèvera au-dessus des intérêts; forte et idéaliste, elle s'imposera aux peuples.

Et les deux grands pays, aux deux plus vieilles civilisations, la France et la Chine, luttant pour le bonheur des hommes, ne peuvent que s'engager sur ce terrain politique; celui de la paix.

J. SIGURET.

Fin Septembre 1925.

II

LES CONFÉRENCES

DISCOURS PRONONCÉ
PAR S. E. M. WANG KING KY

Ministre de Chine à Bruxelles,
à l'occasion de la Fête Nationale Chinoise
du 10 Octobre 1925.

Mes chers camarades,

Aux heures claires comme aux heures sombres, il est réconfortant que tous les membres d'une famille ou d'une nation communient dans un même sentiment et affirment les fermes résolutions dictées par les circonstances.

C'est pourquoi je me réjouis de vous voir réunis si nombreux, aujourd'hui, dans notre Maison de Chine.

Le glorieux anniversaire que nous célébrons à nouveau, éveille, en effet, chez nous, des sentiments qui sont l'essence même de la vie et forment une véritable trinité, chez les individus comme chez les peuples : la joie, la tristesse et l'espérance.

La joie car, en dépit des critiques de parti pris, des attaques trop souvent intéressées, des bruits tendancieux, que de progrès notre Chine n'a-t-elle pas réalisés, dans tous les domaines, depuis la proclamation de la République?

Le temps n'est plus où notre Gouvernement, nos ministres osaient à peine soulever la question des droits généralement reconnus à tout pays libre et qui nous ont été refusés, jusqu'ici, et ne protestaient que pour la forme contre le statut international, désormais insupportable, qui régit nos rapports avec l'étranger.

Quels que soient les hommes qui détiennent momentanément le pouvoir, ils doivent nécessairement suivre le courant. Le peuple chinois, longtemps assoupi, s'est ressaisi et c'est la Nation Chinoise tout entière qui proclame, à cette heure, à la face du monde, son inébranlable volonté d'être traitée sur un pied d'égalité dans le concert des pays civilisés.

Et, qu'on le veuille ou non, sa voix devra être entendue !

Un voile de tristesse est malheureusement venu assombrir notre joie.

Les tragiques incidents de Shanghaï ont soulevé jusqu'aux limites les plus reculées de notre République, une réprobation et une indignation difficilement contenues. Ils ont rempli le pays d'amertume et cette amertume s'est encore accrue à la suite de l'odieuse campagne d'injures et de calomnies qui a accompagné et tenté de justifier la brutale répression de la police de la Concession pour assurer — on n'a pas craint de l'écrire — le respect de la loi étrangère sur la terre de Chine.

Il nous plaît, d'ailleurs, de constater qu'à côté de trop nombreux détracteurs, la Chine a rallié, partout, de nobles et vaillants défenseurs et qu'à Bruxelles notamment, une partie de la grande Presse, répondant à notre appel, n'a pas hésité à porter nos doléances devant l'opinion publique et à soutenir notre cause, ce dont nous lui sommes profondément reconnaissants.

Vous le savez, mes chers camarades, des événements importants sont en préparation. A Pékin s'ouvrira, le 26 de ce mois, la Conférence prévue par les accords de Washington en vue de la révision des tarifs douaniers et, le 18 décembre, une Commission s'y réunira pour examiner la question de l'abolition de la juridiction consulaire et de l'exterritorialité.

Qu'en sortira-t-il ?

Une partie de l'opinion publique chinoise se montre assez sceptique. Elle réclame l'autonomie pleine et entière des tarifs douaniers et redoute les demi-mesures, les atermoiements. D'autre part, le bruit suivant lequel la plus-value provenant de la révision éventuelle des tarifs devrait — dans l'esprit de certaines puissances — leur permettre de recouvrer d'anciens emprunts non garantis, n'est pas fait pour la rassurer. Elle se souvient des déclarations faites, il y a 25 ans, par Sir Robert Hart. Examinant l'éventualité de la suppression du Likin, celui-ci écrivait, en 1901, dans « These from The Land of Sinim » :

« Un simple relèvement des tarifs douaniers ne compenserait pas la perte provenant de la suppression du Likin ».

Et il poursuivait :

« Les taxes sur les marchandises passant par les douanes maritimes pourvoient seulement à une faible partie des besoins fiscaux de la Chine tandis que le Likin, perçu dans chaque province, non seulement sur les marchandises étrangères introduites sans certificat d'origine mais encore sur les produits indigènes de toute nature, est une nécessité pour les administrations provinciales et celles-ci ne pourraient subsister sans cela, à moins que d'autres sources de revenus de même valeur soient trouvées ou créées.»

La situation n'a pas changé depuis lors et l'opinion publique chinoise considérerait tout relèvement illusoire comme un

véritable déni de justice qui ne manquerait pas d'entraîner de fâcheuses conséquences.

En ce qui concerne plus particulièrement l'exterritorialité, force nous est bien
de remarquer, en passant, que, dans son
ensemble, la Chine intellectuelle — en
présence des particularités relevées dans
les législations des différentes Puissances
occidentales — s'explique difficilement
qu'un peuple de 450.000.000 d'habitants
qui possède ses lois, ses traditions, son
organisation sociale propres, doive, obligatoirement, adopter les lois et les us et
coutumes d'un nombre infime d'étrangers qui font un séjour plus ou moins long
sur le sol chinois.

Néanmoins, des efforts considérables
ont déjà été tentés en vue de l'adaptation
désirée — efforts peu appréciés jusqu'ici
par l'étranger.

Malgré ce pessimisme, malgré ces tris-
tesses, nous conservons, mes chers camarades, l'espérance : l'espérance dans un
avenir meilleur, dans un arrangement

prochain, satisfaisant pour tous. Et, c'est à l'esprit généreux et enthousiaste pour toutes les causes nobles de l'un des plus grands hommes d'Etat anglais, c'est à l'esprit de Gladstone qui demeurera l'un des champions de la Justice et de la Liberté du XIXe siècle, que nous en appelons.

Parlant de la guerre de l'opium, le « great old man » déclarait hautement que « rien ne pouvait la justifier ».

De même, rien ne pouvait ni ne pourra jamais justifier les tueries de Shanghaï; rien ne peut ni ne pourra jamais justifier le maintien de traités surannés, arrachés à nos pères à la suite précisément de la guerre de l'opium condamnée par Gladstone.

Nous voulons bien — ainsi qu'on nous y a conviés — oublier le passé mais, alors, une ère nouvelle de justice, de tolérance et de compréhension mutuelles doit, désormais, régner sur le monde apaisé.

Et, surtout, l'opinion publique chinoise demande que cesse — sans esprit de re-

tour — la politique des coups d'épingle,
la politique des coups de fouet, la politique des coups de canon !

La Nation chinoise compte que les délégués des Puissances, résolument déta-
chés de l'atmosphère empoisonnée créée
par certaines catégories de résidents
étrangers en Chine qui n'ont rien appris
ni rien oublié, aborderont les problèmes
qui leur sont soumis avec ce large esprit
d'équité qui devrait toujours présider
aux rapports internationaux. S'il en est
ainsi, notre Peuple, unanime, répondra, à
ces hommes de bonne volonté, par une
bonne volonté au moins égale pour le
plus grand bien de l'Humanité entière.

Un dernier mot. N'oublions pas que si,
soit par crime, négligence ou ignorance,
les deux ou trois générations qui nous ont
précédés nous ont légué un pays enchaî-
né, nous avons l'impérieux devoir de
transmettre à nos enfants une Chine définitivement affranchie. C'est vers ce but
que les efforts conjugués de tous — fonctionnaires, étudiants, industriels, agricul-

teurs, artisans — doivent tendre inlassablement.

C'est sur ce vœu, sur cet acte de foi dans l'avenir que je termine, mes chers camarades, et que je vous invite à acclamer, encore une fois, avec moi, notre Chine éternelle.

LES ÉVÉNEMENTS DE SHANGHAI ET LES CAUSES PROFONDES DU MÉCONTENTEMENT GÉNÉRAL DU PEUPLE CHINOIS

(Conférence faite à la Cour de Cassation de Paris
le 10 Juillet 1925, pour le
Comité National d'Études Sociales et Politiques).

———

Monsieur le Président,
Mesdames, Messieurs,

Je suis infiniment reconnaissant envers le Comité National d'Etudes qui veut bien m'accorder exceptionnellement cette séance. Je connais toute l'importance de l'élite qui compose l'auditoire qui m'entoure; aussi, serai-je concis dans mes arguments. Je vous ferai sur les événements de Shanghaï et les causes profondes du mécontentement général du peuple, un exposé objectif. Je vous parlerai des faits tels qu'ils se sont passés, tels qu'ils sont, en vous les présentant à la seule lumière de la vérité entière et sincère. Je ne ferai aucun commentaire spécieux, je ne ferai aucune plaidoirie avec de grands mots, vous laissant le soin de conclure vous-mêmes.

Ma tâche se trouve singulièrement facilitée, par suite de deux événements, d'une haute importance, qui viennent d'avoir lieu ces derniers jours. En effet, la Commission diplomatique d'enquête étrangère vient de confirmer la vérité que les Chinois ont proclamée dès le premier jour, vérité que nous ne sommes jamais parvenus à faire ressortir dans les presses étrangères dressées contre nous. Cette Commission a reconnu l'entière responsabilité des policiers anglais dans les affaires de Shanghaï. Mardi dernier, à la Chambre française, d'éminents orateurs, y compris Monsieur le Ministre des Affaires Etrangères de la République Française, ont reconnu l'urgence et l'utilité d'assurer le peuple chinois de la pleine et entière confiance de la France. Vous avez eu écho, Messieurs, de ces débats du Parlement Français, où viennent d'être ratifiées les deux Conventions de Washington de février 1922 se référant à la Chine. Ce geste de la France, en ce moment critique, est plus probant et plus significatif que tous les meilleurs arguments du monde !

Je diviserai mon exposé en deux parties comme l'indique le titre.

I

Les événements de Shanghaï

Au début du mois de février de cette année, éclatait une grève dans les filatures japonaises de Shanghaï, à la suite des mauvais traitements infligés à nos ouvriers, hommes, femmes et enfants, par les patrons et les contremaîtres nippons. Cette grève n'est du reste pas passée inaperçue, puisqu'elle a été signalée dans presque toute la presse, et en particulier dans la presse française, du 15 au 20 février 1925. La raison principale de cette grève fut avant tout les mauvais traitements à l'égard de nos jeunes enfants. Je laisse, ici, la parole à l'honorable Monsieur TREVELYAN, membre du Parlement Britannique, dans son interpellation du 18 juin courant à la Chambre des Communes :

« Il est reconnu », dit-il, parlant de la grève de février, « que la cause princi-
« pale de la grève est une revendication
« pour une augmentation de salaire, et
« aussi une conséquence des mauvais
« traitements ». Il continuait plus loin :
« Quelques jours avant la grève », toujours celle de février, « une fillette de
« 12 ans, ouvrière dans une filature
« japonaise, la Naïgaï Wata Kaïsha,
« fut frappée brutalement et blessée
« très sérieusement par un contremaî-
« tre japonais, celui-ci l'ayant trouvée
« endormie après 12 heures d'un tra-
« vail de nuit harassant. La sœur de cette

« pauvre fillette, âgée de 18 ans, travail-
« lant près de là, voulut intervenir et dis-
« cuta avec le contremaître japonais; ce
« dernier la frappa brutalement à son
« tour. A la suite de cette affaire, les ou-
« vriers de jour et de nuit qui avaient
« pris fait et cause pour les deux fillettes
« maltraitées et sans défense, furent ren-
« voyés de la filature. »

La grève éclata dans 22 filatures japonaises. Les grévistes, qui réclamaient uniquement contre les mauvais traitements
et les coups de toutes sortes, furent dis-
persés par la police anglaise de la Concession Internationale de Shanghaï qui
ouvrit le feu sur ces ouvriers inoffensifs
et sans armes; il y eut des blessés, mais
en peu de jours tout rentra dans l'ordre,
grâce à l'intervention de la Chambre de
Commerce Chinoise de Shanghaï. Depuis
cette époque, nos ouvriers n'ont pas cessé
de protester contre les mauvais traitements, cela sans résultat jusqu'à maintenant, puisque les événements du 30 mai

éclatèrent, encore une fois, à la suite du
meurtre d'un de nos travailleurs par les
Japonais ! Les étudiants chinois, animés
d'un sentiment de sympathie très justifié,
se joignirent aux ouvriers, espérant que
leurs protestations seraient mieux entendues. C'est alors que la police anglaise,
une fois de plus, je le répète, fit usage de
ses armes contre les manifestants, c'est-
à-dire contre des jeunes gens et des jeunes filles de 15 à 20 ans à peine. Il y eut
des tués et des blessés ! Ce fut une explo-
sion d'indignation dans toute la nation,
comme bien on le comprend, et les manifestations antianglaises et antijaponaises
se sont multipliées dans toute la Chine
jusqu'à présent, puisqu'aucune solution
n'a été encore apportée. Sous cette in-
sulte, provoquée par le meurtre de nos
jeunes compatriotes, innocents, tombés
sous les balles anglaises, notre sentiment
patriotique, notre dignité nationale se
sont dressés comme mus par un ressort.
*Vous me permettrez de demander quelle
nation, quel pays, digne de ce nom, n'au-*

*rait éprouvé un tel sentiment de révolte
contre l'injustice et le meurtre ?!*

On passe un peu trop sous silence cet
emploi inique de pauvres enfants des
deux sexes, âgés de 6 à 12 ans, dans les
manufactures, où ils font le travail érein-
tant d'un adulte, durant des 12 et même
15 heures d'affilée, et cela pendant les 7
jours de la semaine. Il faut crier, prendre
des mesures, contre cette exploitation
éhontée, indigne de gens qui prétendent
venir apporter aux Chinois une civilisation soi-disant bienfaitrice, basée sur la
justice, l'équité, l'honneur et la liberté.

Depuis 25 à 30 ans, des usines moder-
nes se sont montées en Chine. On y trouvait à peine 2 filatures de coton il y a
20 ans; à l'heure actuelle on en compte
115, dont 49 à Shanghai. Sur les 1.740.556
broches qu'il y a dans cette ville, 967.432
appartiennent aux Anglais et aux Japonais. Les industriels étrangers ont intro-
duit chez nous le système du travail de
nuit, aussi bien pour les hommes que pour
les femmes et les enfants. Le nombre de

femmes employées comme ouvrières dans ces manufactures et filatures dépasse celui des hommes, et le 6ᵉ de l'ensemble des ouvriers, hommes et femmes, est représenté par des enfants en bas âge, depuis 6 ans et même souvent 5 ans. Sur les 82.000 ouvriers des filatures, il y a près de 22.000 enfants au-dessous de 14 ans. Les femmes et les enfants furent rapidement, et de préférence, employés en grand nombre dans les filatures étrangères, à cause des bas salaires qu'on pouvait leur faire accepter. (Rapport de Miss Agatha Harrison, de la Commission d'enquête du W. Y. C. A. 1923-24).

Dans ces filatures, les pauvres enfants, garçons et filles, âgés de 6 à 12 ans, font un travail d'adulte, de jour et de nuit, durant des 12 heures, et quelquefois plus; la plupart ne touchent pas de salaire, sous prétexte d'apprentissage, ou un très faible salaire, de 3, 4 à 5 cents par jour ! salaire de basse misère, à peine suffisant pour la nourriture ! Dans les filatures de soie, ces enfants sont employés aux bouilleuses de cocons, où, à chaque instant, ils s'ébouillantent les mains, qu'ils ont toutes tuméfiées, et très souvent le visage et les yeux ! Dans les filatures de coton, ils sont chargés du rattrapage et du nouage des fils, où ils se font prendre, pincer et souvent couper les doigts par le jeu mécanique rapide des navettes métalliques ! Bien entendu, ils n'ont aucun recours, aucune indemnité, aucune assurance; lorsqu'ils sont trop blessés pour pouvoir continuer le travail, c'est la mise à la porte pure et simple. Garçonnets et fillettes travaillent tous debout, sans aucun repos, sauf une heure pour le repas de la journée; et, entre temps, soit pour les ranimer au travail, soit lorsqu'ils se trompent, ils reçoivent des coups de trique et des gifles de leurs contremaîtres étrangers. Je ne parle pas des conditions matérielles du travail, ni de l'hygiène qui est totalement inconnue; aussi la mortalité parmi ces enfants est-elle très grande, effroyable même.

Tout ce que je viens de vous dire n'est

pas de l'imagination, mes amis me connaissent assez pour savoir que je n'avance
jamais quelque chose sans en avoir les
références et le contrôle certains ; tout
ceci est tiré des publications suivantes :
Rapport médical de la Commission du
Travail des enfants de 1924 (c'est une
commission étrangère de Shanghaï); rapport du Bureau International du Travail,
autrement dit B. I. T., à la Conférence de
Washington ; Bulletin de la Fédération
Internationale des Ouvrières.

Une loi chinoise, dite « loi provisoire
sur la réglementation du travail dans les
usines », promulguée le 29 mars 1923, in-
terdit le travail des garçons au-dessous
de 10 ans et des filles au-dessous de 12
ans dans les usines. A quelques rares
exceptions près (il y en a une, elles est anglaise et il faut la citer, c'est la Ti-Wo
cotton mills), cette loi n'est pas appliquée
dans les usines étrangères, particulièrement dans les filatures japonaises instal-
lées en Chine, à tel point que le B. I. T.,
à la Conférence de Washington, demanda

au Gouvernement chinois de bien vouloir insister et de faire les représentations nécessaires à cet effet auprès des Goûvernements étrangers y concernés. Le Gouvernement chinois fit réponse, en juin 1924, que cette loi avait été portée à la connaissance des gouvernements intéressés — j'ajouterai sans résultat. Je ne dis pas que cette loi soit appliquée régulièrement dans les usines chinoises, mais beaucoup d'industriels chinois, depuis sa mise en vigueur, n'emploient plus, progressivement, d'enfants au-dessous de 12 et même 14 ans. (Rapport de la Commission du Travail des Enfants, Shanghaï, 1924, qui cite même les noms de ces usines chinoises).

Voici quelques statistiques probantes de cette *Shanghaï Child Labour Commission* de 1924, qui ne peuvent donc pas être suspectes.

1° Filatures de coton :

a) Yangtspoo cotton mill (anglaise), sur 3.800 ouvriers, il y a 700 enfants ayant moins de 12 ans.

b) Laou Kung Mow cotton mill (anglaise), compte 550 enfants de moins de 12 ans sur 1950 ouvriers.

2° Filatures de soie :

Yung Tai (italienne) : 80 hommes, 900 femmes, 1380 enfants de moins de 12 ans, soit 200 garçons, 1.180 filles.

Yung Yui (française) : 75 hommes, 798 femmes, 1.277 enfants de moins de 12 ans, soit 202 garçons, 1.075 filles.

Yung Yui 2 (française) : 60 hommes, 630 femmes, 1.030 enfants de moins de 12 ans, soit 170 garçons, 860 filles.

Say Hwa (anglaise) : 20 hommes, 500 femmes, 920 enfants de moins de 12 ans, soit 200 garçons, 720 filles.

Yui Foong (italienne) : 30 hommes, 500 femmes, 930 enfants de moins de 12 ans, soit 200 garçons, 730 filles.

Dans les filatures chinoises la proportion est plus faible :

Zen-Lung : hommes, 100 ; femmes, 1.700; enfants de moins de 12 ans, 200.

Tong-Ta : hommes, 15; femmes, 820; enfants de moins de 12 ans, 10.

Tong-Dah : hommes, 15; femmes, 712; enfants de moins de 12 ans, 20.

On peut se demander pourquoi le B.I.T. n'intervient pas plus énergiquement, et ce que fait la Commission de la Protection de l'Enfance de la S. D. N. ?

Sous le prétexte d'extra-territorialité, les étrangers résidant en Chine sur les Concessions échappent ainsi à toutes les lois, aussi bien aux lois chinoises qu'à celles de leurs pays respectifs. Car nous n'ignorons pas toutes les lois de défense sociale, de législation industrielle et ouvrière qui interdisent le travail des enfants au-dessous d'un certain âge, et le réglementent au-dessus de cet âge, aussi bien au Japon qu'en Angleterre ou dans d'autres pays. Mais en Chine, ces étrangers agissent en maîtres, en véritables potentats. Leur gouvernement, leur loi, ce sont leurs Municipalités, d'où les Chinois, quoique payant la majeure partie des taxes, sont soigneusement exclus. Le Conseil municipal de la Concession Internationale de Shanghaï compte 9 Anglais sur les 11 membres, tous étrangers, qui le composent. A l'aide des Cours-Mixtes, dont ils ont entièrement changé l'esprit et la nature en violation même des Traités (nous étudierons cette question un peu plus loin), ils se sont créé, petit à petit, une jurisprudence, soi-disant basée sur l'équité, mais qui leur est entièrement favorable, rejetant toutes les lois, et cela sans aucun contrôle d'une juridiction supérieure ou suprême.

Voilà comment et pourquoi ont pu éclater des grèves, en réalité très justifiées, et comment des tueries de la part des policiers anglais ont pu se produire sans qu'aucune autorité n'ait pu intervenir. Et, si l'on n'y remédie pas, cela se reproduira.

*
* *

Il est à présent avéré et reconnu officiellement que les policiers anglais de la Concession Internationale de Shanghaï ont tiré, et tué, d'une façon brutale et absolument injustifiée nos jeunes étudiants, le 30 mai dernier, fusillades qui durèrent 6 jours. La Commission Diplomatique Etrangère d'Enquête est, en effet, arrivée (je cite) « à des conclusions défavorables à l'attitude de la police anglaise ».

Je n'ai donc pas de peine à vous convaincre de la légitimité de notre indignation contre les procédés de la police anglaise.

Nous savions, dès le début que la police du Poste de Louza avait tiré sans réelle provocation de la part des manifestants. Jamais nous n'avons pu obtenir la moindre rectification ni la moindre allusion à une lueur de vérité possible, malgré les témoignages de missionnaires américains présents sur les lieux au moment de la tuerie et le rapport à la Cour de l'inspecteur de police Everson, déclarant: « que 10 secondes après avoir dit aux Chinois de s'éloigner, un feu roulant fut commandé, et 48 balles

tirées sur la foule à 6 pieds de distance »,
c'est-à-dire à peine deux mètres ! Quatre
jeunes étudiants furent tués sur le coup,
23 blessés dont 7 moururent peu après.
Tous ont été frappés dans le dos, d'après
l'enquête médicale judiciaire, ce qui était
le signe bien évident que ces jeunes gens
n'attaquaient pas; personne n'était armé
du reste, aucun coup de feu de leur part,
aucune résistance, aucune lutte quelconque, et surtout aucun policier ne fut tou-
ché ou blessé même légèrement, ce qui
est joliment rare dans une bagarre où se
trouvent plusieurs milliers de manifestants!

Le Gouvernement chinois, averti par
téléphone et T.S.F., demanda le même
jour au Corps Diplomatique de Pékin
d'envoyer des ordres immédiats à la police anglaise de Shanghaï pour qu'elle
cessât toute intervention à l'aide d'armes
à feu; notre Gouvernement représentant
les conséquences très graves qui pourraient s'ensuivre dans le cas contraire.
Rien ne fut fait, puisque la police anglaise

a pu continuer à tirer sur la foule pendant six jours, donnant ainsi à croire aux Chinois que les Représentants étrangers de Pékin appuyaient ou approuvaient les massacres de la police anglaise. Ce n'est qu'à la seconde note, et lorsque le mouvement d'indignation se propagea d'une façon tellement rapide et tellement inattendue pour les étrangers, que ceux-ci s'aperçurent du sérieux des événements. Nous n'avons pas encore toutes les statistiques, mais on peut, d'ores et déjà, compter plus d'une centaine de tués et un millier de blessés chinois.

Je ne vous ferai pas l'injure, messieurs, de supposer un seul instant, que vous ayez pu croire à un mouvement réellement xénophobe en Chine. Nous connaissons tous ce que sont ces sortes de campagnes, plus ou moins intéressées à égarer l'opinion publique, sur des événements qui peuvent être gênants pour certains! Je reconnais d'ailleurs qu'il y a des situations difficiles, des circonstances où il faut être extrêmement prudent, afin d'éviter certain marchandage politique ou diplomatique fort dangereux. L'attitude de la France, à la Chambre, mardi dernier, nous a complètement rassurés sur ses sentiments réels ; et, à l'heure actuelle, tout le peuple chinois connaît cette attitude nettement favorable à la Chine, entièrement désintéressée et bien affirmée dans un moment où il était vraiment difficile de le faire. Notre reconnaissance envers votre pays, messieurs, sera profonde et durable !

*
* *

J'en arrive à la seconde partie de mon exposé, que je considère comme la plus importante, puisqu'elle traite des causes profondes du mécontentement général du peuple chinois.

La Délégation chinoise à la Conférence de la Paix en 1919, avait déjà présenté un certain nombre de *questions à résoudre* au sujet du problème chinois. Faisant allusion aux entraves de caractère international qui retardent le libre développe-

ment de la Chine, cette délégation disait:
« De ces entraves, les unes sont des legs
du passé, conséquence d'un état de choses
qui a cessé d'exister, les autres résultent
d'abus récents que l'on ne peut justifier
ni en équité ni en droit. C'est en effet leur
maintien qui perpétue les causes de difficultés, de frictions, de discordes. Il n'en
fut tenu aucun compte à cette époque.
*Au contraire, la Chine fut, en 1919, plus
maltraitée qu'aucune Puissance ex-enne-
mie, alors qu'elle était venue se ranger
aux côtés des Alliés, en 1917, mettant tous
ses espoirs en la justice des Européens,
justice qui allait éclater, disait-on, après
ces quatre années d'un cataclysme
effroyable: Ce fut pour nous une cruelle
et amère désillusion.*

Une Conférence fut convoquée à Washington en 1921, sur les instigations des
Etats-Unis d'Amérique, dont le refus de
reconnaître le Traité de Versailles est dû
en partie aux questions chinoises qui y
avaient été traitées un peu trop cavalière-
ment par les Big-Five. Cette Conférence

nous accorda, parcimonieusement, le retour de quelques-uns de nos droits légitimes, encore très partiellement exécutés du reste.

Vous avez eu l'occasion d'entendre récemment, dans la séance du 23 mars dernier, le général Hsü, qui, dans un langage militaire et sobre, comme l'a très bien fait remarquer le président M. Lanson, vous a exposé clairement « Le problème de la paix pour la Chine ». Citant les paroles de M. le professeur Lanson: « Le général Hsü fait observer que pour remplir dans le monde actuel le rôle qui lui revient de contribuer pour sa part à la durée de la paix, il fallait que la Chine fût libérée de certaines entraves ou servitudes ».

Ce sont précisément toutes ces entraves qui sont les causes réelles et profondes de tous les malentendus présents, et à venir, si l'on n'y remédie pas, avec les étrangers.

Les relations internationales que la Chine entretient avec le monde extérieur sont encore malheureusement basées sur de vieux traités surannés et inéquitables, datant d'un autre âge, où l'influence d'oppression et d'exploitation de la vieille Compagnie des Indes Anglaises se faisait pesamment sentir.

Je ne vous imposerai pas l'historique de ces traités, mais permettez-moi, cependant, de vous citer les principaux, dont les dates et les causes qui en furent l'origine en disent assez long pour qu'il soit inutile d'entrer dans leur détail:

Laissant de côté le premier traité de Nertchinsk, caduque du reste, signé avec la Russie en 1689, le point de départ, le traité qui ouvrit l'ère des nouvelles relations de la Chine avec les Puissances étrangères, fut le traité de Nankin, signé avec la Grande-Bretagne le 29 août 1842, à la suite de la guerre de l'opium. La Chine s'étant refusée à recevoir ce poison, la ville de Canton fut bombardée. Nous dûmes payer une indemnité de 21 millions de dollars, dont 6 millions pour l'opium, dont l'un de nos vice-rois d'alors, Ling-

Tse-Sü, en véritable patriote, avait fait noyer toute une cargaison dans la rivière de Canton (22.000 caisses je crois).

Ce traité fut suivi rapidement par celui de 1843, également sino-britannique, ceux de 1844 avec les Etats-Unis et la France, qui jetèrent les bases du régime des Concessions et de l'exterritorialité dont je vous dirai quelques mots un peu plus loin.

Puis vinrent les traités de 1858 et de 1860 après les campagnes franco-anglaises de 1857 et 1859; celui de 1884, après la campagne du Tonkin et de Formose. La guerre sino-japonaise de 1894-95 ayant démontré la faiblesse militaire de la Chine, ce fut la « curée » de 1898 vers les concessions à bail: inaugurée par l'Allemagne avec Kiao-Tchéou, suivie par la Russie avec Port-Arthur et Ta-Lien-Wan (ou Dalny, appelé par les japonais Dairen), par l'Angleterre avec Wei-Hai-Wei et Kiou-Long (Kao-Long), par la France avec Kouang-Tchéou-Wan ; l'Italie réclama même, sans succès d'ailleurs, la baie de San-Men. Toutes sortes de concessions économiques, commerciales, industrielles, furent également obtenues par les étrangers, à la suite des pressions les plus fortes. Une grande colère ne manqua pas d'éclater, en 1900, avec la révolte des Boxers, révolte plutôt gouvernementale de la part des Mandchous, qui nous conduisit au Protocole final du 7 septembre 1901.

C'est à partir de ce moment que le peuple chinois, meurtri dans sa chair, dans ses intérêts, commença à voir clair et à vouloir intervenir dans les affaires de l'Etat. Ce fut cette lutte, qui dura de 1901 à 1911, moment où éclata la Révolution chinoise, qui changea la face des choses. Jusqu'à cette époque, c'est-à-dire jusqu'au moment où la République fut proclamée, le peuple de la Chine n'avait aucun droit, aucune voix, aucune participation dans les affaires gouvernementales. Depuis la République, on peut dire que la politique et la diplomatie se font, en Chine, au grand jour. Chacun de nous est parfaitement au courant de ce qui se passe. C'est donc un changement radical dans l'évolution des destinées du pays, avec lequel il faut compter, et l'influence du peuple chinois se fera sentir dorénavant contre toutes les entreprises allant à l'encontre des intérêts nationaux. Exemples: les fameuses vingt et une demandes du Japon de 1915, qui ne seront jamais appliquées tant qu'on ne les aura pas revisées; l'Affaire du Chantoung, de 1919 à 1922, lorsque la Chine, après être venue aux côtés des armées du droit et de la justice, s'est vu arracher sa province la plus sacrée; enfin les récents et douloureux événements de Shanghaï du mois dernier où la dignité nationale du peuple chinois tout entier, je le répète, s'est révoltée contre les tueries et l'injustice britanniques.

Il est aisé de voir comment ces traités ont été imposés à la Chine, dans des circonstances où elle n'avait plus en fait son libre arbitre, c'est-à-dire sa liberté pleine et entière de contracter. Traités signés d'un commun accord, a-t-on dit? Oui;

mais qui ont résulté la plupart du temps de douloureux conflits où les sentiments et les intérêts de la Chine étaient singulièrement spoliés par la force brutale et matérielle, répondons-nous!

Jusqu'à ce jour, les Puissances étrangères ont toujours agi avec la Chine au moyen de méthodes politiques et diplomatiques désuètes et routinières, méthodes facilitées par ces traités dont les stipulations sont totalement inadéquates aux circonstances actuelles, traités vieux de trois quarts de siècle, inapplicables à l'heure présente. *C'est pourquoi le Gouvernement chinois, et avec lui tout le peuple chinois, en demande la révision!*

Pour être à peu près complet, et ne laisser subsister aucun doute dans votre jugement, je me permettrai, maintenant, d'entrer un peu dans le détail de deux questions vitales pour la Chine, à savoir:

A) Les tarifs douaniers;

B) L'exterritorialité, c'est-à-dire les juridictions consulaires et les cours-mixtes, en particulier celle de Shanghaï, de beaucoup la plus importante.

A. — Vous avez déjà eu, ici, messieurs, le 19 novembre 1923, une communication de mon compatriote M. Tchang-Chien, sur ce sujet.

Le régime douanier de la Chine, je parle des douanes maritimes et des frontières terrestres, remonte au traité de Nankin de 1842, signé avec l'Angleterre à la suite de la néfaste et honteuse guerre de l'opium dont je vous ai parlé tout à l'heure. Les taxes de douanes ont été fixées par le traité supplémentaire sino-britannique de 1843, sur une base de 5 à 10 % de la valeur courante des marchandises importées.

En 1858, lors du traité franco-anglais, une révision du tarif fixa le taux à 5 % *ad valorem* applicable à toutes les marchandises, sans distinction d'espèce ou d'origine, avec clause de révision périodique. En fait, il n'y eut que deux révisions depuis 1858; la première en 1902 et la seconde en 1918; l'estimation des valeurs en douane y fut seule revisée, le tarif restant fixé à 5 % *ad valorem*.

Les autres Puissances traitèrent avec nous sur ce même pied, en vertu de la clause « de la nation la plus favorisée »; bien entendu, cela sans que la Chine reçût en retour un traitement réciproque quelconque.

Ce tarif n'est pas seulement injuste en ce qu'il retire à la Chine le droit à sa libre disposition en matière douanière, en ce qu'il frappe au même taux les articles de première nécessité, les matières premières et les articles de luxe, il est aussi préjudiciable à la fois aux finances et à l'industrie chinoises; il est également injuste quant à la base d'évaluation des marchandises. Ces bases ont toujours été évaluées inférieurement à la valeur réelle de l'époque. Sans entrer dans le détail, je ne désire que vous demander, messieurs, si une base d'évaluation faite en 1918 est encore conforme à la réelle valeur des marchandises en 1925? Si nous prenons seulement les cours de 1858 à 1918, date de la dernière révision d'évaluation, durant ces 60 années nous trouvons les chiffres suivants:

Articles énumérés dans les tarifs revisés:

    1858 = 138,
    1902 = 332,
    1918 = 598,

donnant une valeur importée dans cette même période (non compris l'opium):

    1858 =   30 millions de taels,
    1902 = 280 millions de taels,
    1918 = 545 millions de taels.

c'est-à-dire que le nombre des articles du tarif ayant plus que quadruplé, que la valeur des importations ayant augmentée dans la proportion de 1 à 18, le tarif de 5 %, lui, n'a pas varié!

Je vous laisse juges de la question. Ce n'est pas à vous, messieurs, que je dois faire ressortir le changement qui s'est opéré en matières commerciales et industrielles de 1918 à 1925!

Ainsi, depuis plus d'un demi-siècle, le tarif douanier chinois n'a pas changé. La Conférence de Washington nous permet d'augmenter ce tarif de 2 ½ %, en le portant à 7 ½ %. Le tarif chinois est, sans contredit, un des tarifs les plus bas, ne rapportant au budget de la Chine que 7 % environ des recettes totales. Ce nouveau tarif n'est du reste pas encore appliqué, puisqu'une dernière ratification manquait à la Convention; la France vient récemment de tenir sa promesse.

B. — J'examinerai maintenant le régime de l'exterritorialité en Chine, un peu différent du régime des capitulations de l'Orient. Je le considérerai dans ses deux principales juridictions: juridiction consulaire et juridiction des cours-mixtes.

1) *Juridiction Consulaire:*

Ici, je me permettrai de citer quelques-uns des textes élaborés par la Délégation Chinoise, qui sont suffisamment explicites et clairs pour vous faire comprendre le problème tel qu'il se pose.

« Il est à peine nécessaire d'insister sur
l'incompaibilité de la juridiction consulaire avec l'exercice de la souveraineté
territoriale. Il suffit de dire que la juridiction consulaire en Chine n'est basée
actuellement, et n'était basée à l'origine,
sur aucun principe de droit international, mais qu'elle est une pure création
des traités. (Parmi les stipulations con-
ventionnelles qui établirent la juridiction
consulaire, nous citerons l'art. 13 du
traité sino-britannique de 1843 remplacé
par les art. 15, 16 et 17 du traité sino-
britannique de Tien-Tsin de 1858, les
art. 21 et 25 du traité sino-américain de
1844 et les art. 25, 27 et 28 du traité sino-
français de la même année.) Les raisons
invoquées pour justifier l'introduction
de ce régime en Chine étaient alors les
différences fondamentales qui existaient
entre les lois chinoises et étrangères et
l'imperfection du mécanisme judiciaire
chinois ».

« Que ce régime fût considéré comme
un expédient temporaire, l'art. 12 du traité

sino-britannique de 1902 le démontre, car il stipule que : « la Chine ayant manifesté le vif désir de réformer son système judiciaire et de le mettre en harmonie avec celui des pays occidentaux, la Grande-Bretagne convient de lui prêter toute assistance dans cette réforme ; elle se déclare, en outre, prête à renoncer à ses droits d'exterritorialité lorsqu'elle sera assurée que l'état des lois chinoises, les mesures prises pour leur application et d'autres considérations le lui permettront. » Des stipulations similaires se trouvent dans l'art. 15 du traité de commerce sino-américain de 1903 et dans l'art. 2 du traité de commerce sino-japonais de la même année. »

Un tel système de juridiction comporte, dans un pays vaste comme la Chine, de nombreuses difficultés quant à son fonctionnement :

1° Premièrement, nous constatons un vice dû à la diversité des lois applicables. D'après les règles en vigueur, le tribunal consulaire compétent est celui dont relève le défendeur ou l'accusé à raison de sa nationalité; les actions intentées contre un Anglais doivent être portées devant les cours brtanniques, celles contre les Français devant les cours françaises, etc... Les faits considérés comme constituant une infraction ou donnant lieu à une action en justice d'après la législation qu'applique une cour consulaire, n'ont pas toujours ces caractères s'ils sont soumis à une autre cour. C'est pourquoi des solutions différentes interviennent alors que les faits sont identiques et cette inégalité de traitement blesse le sentiment de justice et d'équité.

2° Un second vice provient de l'absence d'action du tribunal sur les témoins ou les demandeurs ayant une nationalité différente de la sienne. Lorsque la déposition d'un témoin étranger d'une nationalité différente de celle du défendeur est requise, la cour est réduite, pour sa comparution, à s'en remettre à sa bonne volonté, et si, après avoir volontairement comparu, il refuse de répondre aux questions qui lui sont posées, il ne peut être condamné à l'amende ou contraint par corps d'obtempérer aux ordres de la justice; il ne peut davantage être puni en cas de faux témoignage. De même, un demandeur étranger ne peut être condamné par le tribunal en cas de faux serment ou de refus d'obtempérer. De ce défaut d'action sur un demandeur étranger découle un autre inconvénient important : si le défendeur n'a aucun moyen de défense, mais est en situation de formuler une demande reconventionnelle, le tribunal ne peut en connaître, quelque évident que soit le bien-fondé de la demande.

3° Le troisième vice provient de la difficulté d'obtenir des preuves quand l'étranger commet un crime à l'ntérieur du pays. D'après les traités, si un étranger, voyageant à l'intérieur, se rend coupable d'une infraction à la loi, « il doit être remis au Consul le plus proche pour être puni, mais, sauf les restrictions nécessaires, ne doit pas être maltraité ». « Ceci exprimé en langage ordinaire », disait un

ministre des Etats-Unis, M. Reed, « signi-
fie que l'étranger qui commet un rapt ou
un meurtre à mille milles de la côte, doit
être poliment reconduit et remis à un
Consul, pour être jugé à un endroit nécessairement éloigné et où les témoignages
pourront difficilement être obtenus ou
contrôlés.» Bien souvent pour éviter des
complications, les autorités chinoises le
laissaient aller !

4° Le quatrième vice est dû à la réunion, dans les mêmes mains des fonctions
consulaires et judiciaires qui sont contra-
dictoires. Le premier devoir du Consul est
de veiller aux intérêts de ses nationaux. Il
est, par suite, peu conséquent d'ajouter à
cette fonction celle de rendre la justice,
quand une plainte est portée contre un de
ses nationaux; le devoir de protéger certaines personnes et l'administration d'une
justice impartiale entre ces personnes et
d'autres sont incompatibles.

« Sans parler d'autres raisons, les vices
inhérents au système des juridictions consulaires suffiraient à justifier son aboli-

tion. Aussi a-t-il tendance à disparaître
tôt ou tard de partout. Il a été complètement aboli au Japon en 1899 comme
conséquence de traités conclus successivement avec les diverses Puissances intéressées, à la suite de la codification du
droit civil, commercial et pénal, etc...» La
Turquie, sous une autre forme, s'est également libérée des capitulations. Le Siam
vient de traiter avec la France et la
Grande-Bretagne à ce sujet. Enfin l'Allemagne, l'Autriche et la Russie y ont renoncé par traités avec la Chine.

La Chine a fait quelques progrès dans
la voie des réformes juridiques et judiciaires.

« Sans prétendre que les lois chinoises
et leur application aient atteint un degré
de perfection égal à celui qui a été réalisé
par les nations les plus avancées, nous
pouvons cependant affirmer que la Chine
a fait un gros effort en matière juridique
et dans l'administration judiciaire.»

Le Dr Wang-Chung-Hui, dont vous avez
entendu une conférence sur « La Chine

d'aujourd'hui au point de vue politique
et social », qui est un jurisconsulte éminent dont la science et la valeur sont ap-
préciées de ses confrères européens, puisqu'il est juge à la Cour permanente de
Justice Internationale de La Haye, en
même temps que membre et rapporteur
de la Commission de codification du droit
international à Genève, le Dr Wang-
Chung-Hui s'est trouvé à la tête de ce
mouvement de réformes juridiques et judiciaires assisté d'une pléiade de nos
compatriotes, qui ont également fait leurs
preuves de juristes. On a reproché, et je
n'ai jamais compris pourquoi, à ce travail de réforme d'avoir été fait unilatéra-
lement? Ceci est inexact si l'on veut dire
que seuls les Chinois furent les rédacteurs
de ces nouvelles lois, de nos nouveaux
codes et règlements judiciaires. Nos
commissions compétentes, au contraire,
se sont adjoint des conseillers étrangers;
citerai-je MM. G. Padoux et J. Escarra,
jurisconsultes, techniciens des plus quali-

fiés et désignés par le Gouvernement français pour nous éclairer de leurs lumières.

Ces lois et ces codes parus successivement depuis 1912 et 1914, comportent, en projets, inachevés ou achevés et appliqués, un C. P., un CC., un C. Com., un C. Pr. C., un C. Pr. Crim. Au fur et à mesure de la promulgation des lois qui composent ces codes, elles sont mises en vigueur.

En 1921, le D^r Lo-Wen-Kan, vice-président de la commission de codification, est venu en France et en Europe soumettre à la critique de ses confrères occidentaux un projet de C.P. (deuxième révision), à la Société des Prisons, le professeur Garçon en fit un très bel éloge; il le considéra comme pouvant être appliqué par n'importe quel pays d'Europe.

Dans l'ordre judiciaire, trois degrés de tribunaux ont été institués :

Les tribunaux de district (shen-pan-ting),

Les tribunaux supérieurs de district (Kao-teng-shen-pan-ting),

La Cour Suprême (à **Pékin, Ta-Li-Yuen**).

Les justices de paix (Ti-fan-shen-panting).

Auprès de ces tribunaux fonctionne un ministère public et le jury a été institué en matière criminelle.

Les magistrats, nommés après examens sont formés et éduqués soit à l'étranger, soit dans les Ecoles de droit chinoises.

Le système pénitentiaire et l'organisation de la police ont été réformés et améliorés.

Le Gouvernement chinois demandait déjà, en 1919, comme solution d'attente:

a) Que toutes les affaires mixtes, civiles ou criminelles où le défendeur ou l'accusé est un ressortissant chinois, soient examinées et jugées par les cours chinoises sans la présence ou l'intervention dans la procédure et le jugement d'agents ou représentants consulaires;

b) Que les mandats et jugements dûment rendus par les cours chinoises soient exécutoires dans les Concessions et dans l'enceinte de tout bâtiment appartenant à un étranger, sans examen préalable par une autorité consulaire ou judiciaire étrangère.

» La Chine ne serait pas seule à bénéficier de la suppression des juridictions consulaires;

» Les Puissances à Traités, par l'institution d'une juridiction unique, verraient, elles aussi, disparaître les inconvénients qui se révèlent dans les contestations entre étrangers de nationalité différente, inconvénients qui sont de même nature que ceux qui se présentent dans les affaires entre Chinois et étrangers.

»De plus, le peuple chinois tout entier apprécierait cette bonne volonté des Puissances qui donneraient satisfaction à son ardent désir de voir disparaître toutes les inégalités d'ordre judiciaire existant actuellement sur le sol chinois entre nationaux et étrangers. Grâce à l'application plus générale des lois du pays par des tribunaux nationaux, l'administration deviendrait plus efficace, et c'est la population elle-même qui pousserait le Gouvernement à ouvrir le pays tout entier au commerce et à la résidence des étrangrs.»

2. — *Les Cours-Mixtes et les Concessions :*

« Le droit de résidence et de commerce en Chine a été pour la première fois reconnu aux étrangers par le traité sino-britannique de 1842.

» Les quartiers spéciaux réservés aux étrangers dans les ports ouverts sont connus sous le nom de Concessions; il peut y en avoir plusieurs dans un même port, comme par exemple à Tien-Tsin, à Hankéou. A Shanghaï, les Concessions britannique et américaine ont été, en 1854, réunies en une seule, sous le nom de Concession Internationale. La concession française de cette ville y constitue un quartier limitrophe, mais séparé.

» Ces concessions qui restent territoire chinois et dans lesquelles les propriétaires fonciers étrangers sont obligés de payer comme les nationaux du pays une taxe foncière à l'État chinois (cela d'après les traités, car, en fait, sous prétexte d'exterritorialité ils n'acquittent aucune taxe envers le Gouvernement chinois), sont administrées soit par le Consul de l'État en faveur duquel la concession a été établie, soit par un Conseil municipal élu uniquement par les étrangers qui y résident.

» Le Conseil municipal administre la Concession, rend des ordonnances et des règlements qui font force de loi obligatoirement pour tous les résidents; il prélève des taxes pour les besoins municipaux.

» Bien que les ressortissants chinois constituent la grande majorité de la population de ces concessions et supportent la plus grande part des taxes municipales, 70 à 75 %, ils ne sont cependant pas représentés aux Conseils municipaux. Dans la concession internationale de Shanghaï, les Chinois forment 95 % de la population; les règlements prévoient un comité consultatif chinois, composé de trois membres, mais en fait, il n'y a rien.

» La formation de ces concessions a amené les autorités étrangères qui les administrent à prétendre à des pouvoirs et à une juridiction qui ont du coup porté atteinte à la souveraineté chinoise et entravé son œuvre d'administration.

» C'est ainsi que le droit de pleine juridiction de la Chine sur ceux de ses propres citoyens qui résident dans les concessions lui a été dénié. Les habitants chinois des concessions ne peuvent, par exemple, être arrêtés par les autorités chinoises qu'avec l'approbation du Consul ou du Conseil municipal (pour Shanghaï par exemple, et si le Chinois dont il s'agit, est attaché de quelque manière que ce soit à une maison de commerce ou à une famille étrangère, le consentement du Consul est aussi nécessaire », c'est-à-dire qu'il échappe à la loi chinoise, et vous pouvez juger de tous les abus qui en résultent.) Je passe sous silence ceux occasionnés par le double prétexte de la religion, catholique ou protestante!).

» Si dans la concession internationale de Shanghaï un Chinois commet un crime contre un autre Chinois ou est actionné en justice par un autre Chinois, il doit être jugé, même si l'affaire n'implique aucun étranger ni aucun intérêt étranger, par la Cour-Mixte où le juge chinois est assisté d'un assesseur étranger, dit le traité, mais en fait, cet assesseur examine et juge virtuellement l'affaire », devenant en quelque sorte le véritable juge, en violation même des traités. Depuis 1911, c'est même le conseil municipal étranger qui s'arroge le droit de désigner le juge chinois, au lieu des autorités chinoises, comme le veulent les traités!

» Si des Chinois se réfugient dans la Concession pour échapper à la justice, les autorités chinoises ne peuvent les atteindre que si leurs mandats sont homologués par les autorités étrangères de la concession.

» On dénie, en outre, aux troupes chinoises la faculé de passer à travers ces concessions, bien qu'elles fassent partie du territoire chinois, méconnaissant ainsi le droit de domaine éminent de la Chine.

« La Concession est, en fait, un état dans l'État, au détriment des droits du souverain territorial.»

Déjà, en 1919, la Délégation Chinoise, tenant compte des intérêts étrangers considérables, qui existent dans les concessions et désireuse de leur éviter toute cause d'inquiétude, proposait comme étape:

« 1° Que les citoyens chinois aient dans toutes les concessions le droit de posséder des terrains dans les mêmes conditions que les étrangers;

2°) Que les citoyens chinois résidant dans les concessions aient le droit de voter aux élections des membres des Conseils municipaux et d'être éligibles à ces Conseils;

3°) Que les mandats décernés et les jugements rendus en dehors des concessions par les tribunaux chinois compétents soient exécutoires dans les concessions, sans être sujets à une révision quelconque de la part des autorités étrangères;

4°) Que dans aucune concession étrangère, un assesseur étranger ne soit autorisé à prendre part aux débats ou au jugement dans les affaires qui concernent uniquement des sujets chinois.»

*
* *

Avant de terminer, je voudrais bien encore, si je n'abuse pas de vos instants, ayant déjà été trop long, vous entretenir des fameuses treize demandes dont on parle toujours dans les journaux comme d'une chose extravagante, on a même dit « insolente », sans en avoir jamais donné l'énumération.

La voici :

1. — Faire cesser immédiatement l'état de choses à Shanghaï (c'est-à-dire les mesures policières extraordinaires);

2. — Relâcher tous les Chinois arrêtés
arbitrairement dans cette affaire,
et remettre en leur état primitf les
Institutions d'Education qui ont été
mises sous scellés ou occupées par
la police anglaise;

3. — Punir les coupables; les suspendre
de leur fonction pendant l'enquête
et le procès;

4. — Indemnités pour les tués et les blessés, et pour les dommages causés
aux ouvriers, marchands et étudiants;

5. — Faire des excuses;

6. — Refonte de la Cour-Mixte, la rétablir en conformité des Traités.
Lorsqu'un Chinois est condamné,
conformément au Code pénal de la
République Chinoise ou aux règlements municipaux, cela doit être
fait au nom de la République chinoise, et non en celui du Conseil
municipal de Shanghaï;

7. — Tous les employés, marins, ouvriers
des filatures ou des usines et autres

personnes qui se mirent en grève
pour cette affaire seront réintégrés
et leurs salaires payés durant la
période de grève;

8. — Meilleures conditions pour les ouvriers; tout ouvrier aura le droit
de travailler ou non, selon son
propre désir, et ne sera pas puni
pour refus de travailler;

9. — Droits municipaux: les Chinois devront participer au Conseil municipal, et aux réunions des contribuables, les contribuables devront
être représentés au Conseil dans la
proportion des taxes qu'ils payent;
et les privilèges devront être les
mêmes que pour les étrangers ;

10. — Interdire la construction de routes
en dehors des limites de la Concession; celles déjà en voie d'exécution devront faire retour aux autorités chinoises;

11. — Abrogation des ordonnances récentes sur la restriction de la liberté
de la presse et de la liberté d'im-

primer; suppression de l'augmentation récente des droits d'appon-
tement (ou warfage), et des droits
sur l'échange;

12. — Tous les résidants chinois auront
la liberté de parole, de réunion et
de publication;

13. — Démission du Secrétaire du Conseil
municipal (1).

En somme, ce n'est pas bien terrible, et
très juste, en tout cas, attendu que ce
sont la police anglaise et les autorités de
la Concession de Shanghaï qui sont entièrement responsables d'avoir provoqué
les émeutes.

*
**

Je résume pour terminer:

En dehors de ces 13 points, dont quelques-uns entrent plus ou moins dans la
révision des traités — et c'est pourquoi

(1) Ces treize demandes ont paru dans la
presse française quelques jours après la conférence du Dr Scié Ton Fa.

nous estimons qu'il ne peut y avoir lieu à division des questions, qui toutes doivent être examinées ensemble puisque connexes les unes aux autres — la Chine ne demande uniquement que la *Révision* des Traités, j'insiste sur ce mot, et non pas l'*Abolition*, comme on veut bien le faire croire; elle en demande le « réajustement ».

Reviser ces traités surannés qui constituent la base de nos relations avec les Puissances étrangères, ce n'est pas rompre, que nous sachions, avec ces Puissances; c'est, au contraire, affermir, consolider nos bonnes relations avec elles sur un pied d'égalité. Lorsque la Chine demande la révision de ces traités désuets, elle ne fait que réclamer l'application logique d'un principe reconnu de tout temps par le droit international public: *rebus sic stantibus*, ou mieux *conventio omni intelligentur rebus sic stantibus*. Ce qui permet de remettre les stipulations vieillies en accord avec l'état des choses présentes, rendre applicables par de nouvelles stipulations les traités qui, par leur ancien mode, ne cadrent plus avec les circonstances actuelles. La Société des Nations, elle-même, n'a pas manqué de reconnaître ce grand principe et elle le consacre, en effet, dans son Pacte à l'art. 19: « L'Assemblée peut, de temps à autre, inviter les membres de la Société à procéder à un nouvel examen des Traités devenus inapplicables ainsi que des situations internationales, dont le maintien pourrait mettre en péril la paix du monde.»

La Chine, messieurs, est membre de la S.D.N., elle ne demande donc pas autre chose que l'application de son droit le plus strict!

J'en ai ainsi terminé, M. le Président, Mesdames et Messieurs. Je m'excuse encore une fois d'avoir été trop long, et je vous remercie d'autant plus, pour l'aimable et bienveillante attention que vous venez de m'accorder. Je n'ai pas voulu tirer de conclusion, laissant ce soin, messieurs, à votre haute et noble conscience!

Dr SCIE TON FA.

LES INCIDENTS DE SCHANGHAI ET LA POLITIQUE DES GRANDES PUISSANCES

*(Conférence faite à la Fête Nationale Chinoise
qui a eu lieu
le 10 Octobre 1925, aux Sociétés Savantes, Paris).*

Monsieur le Président,
Mesdames et Messieurs,

Qu'il me soit permis de remercier, tout d'abord et très chaleureusement, nos amis étrangers et particulièrement Français, d'avoir bien voulu venir honorer de leur présence la réunion de ce soir qui célèbre, d'une façon aussi patriotique que démocratique. le XIVe anniversaire de la République Chinoise. Qu'il me soit également permis de saisir cette même occasion pour exprimer ma sincère reconnaissance envers tous mes compatriotes en France qui ont eu l'amabilité de me de-

mander à moi, qui m'en trouve très indigne, de parler aujourd'hui des « Incidents de Shanghaï et la Politique des
Grandes Puissances ». Pour me confor-
mer à l'esprit de cette Conférence, je vais
forcément être obligé de vous transporter,
tout au moins pour quelques minutes, de
ce lieu plein du charme de cette Fête Nationale dans une atmosphère plus sévère
pour la discussion d'une épineuse et
angoissante question diplomatique, à
laquelle ont fait face, à l'heure actuelle,
non seulement le Gouvernement chinois,
mais encore ceux de la plupart des Puissances du monde, et notamment celui de
la Grande-Bretagne. Vous m'excuserez
donc, Mesdames et Messieurs, de cette
digression politique qui est, à mon avis,
nécessaire pour mettre au point cette
triste et fâcheuse affaire de Shanghaï où
furent lâchement assassinés et blessés,
par la police britannique, des centaines
de nos meilleurs enfants animés uniquement et seulement d'un patriotisme mo-
déré, justifié et éclairé.

*
**

Les affaires qui se passent ou qui se sont passées en Chine en particulier, et en Extrême-Orient en général, sont, la plupart du temps, très mal comprises en Europe. Réciproquement, les nations de l'Asie Orientale connaissent très souvent non moins mal les affaires qui se déroulent ou qui se sont déroulées en Occident. Cette situation, quelque singulière et quelque fâcheuse qu'elle paraisse au premier abord, ne nous étonnera en aucune manière, si nous savons que la transmission des nouvelles internationales de toute espèce est aujourd'hui matériellement le monopole presque absolu d'une seule puissance, l'Angleterre, dont les câbles télégraphiques entourent et traversent les cinq parties du globe. Avec sa fameuse agence Reuter, la Grande-Bretagne peut, à tout moment, fabriquer, selon son désir et suivant sa fantaisie, les nouvelles les plus extraordinaires et les plus mensongères. Jusqu'à l'heure actuelle je ne sais combien de nations ont été et sont encore les victimes de cette agence bien anglaise. Est-il besoin de citer le cas d'un pays aussi généreux que la France qui, en Extrême-Orient, a été, dans une large mesure, la victime de la propagande germanique avant la guerre de 1914 et qui est aujourd'hui, pour une grande part, la victime de la propagande britannique en la personne de la formidable Agence Reuter? Est-il besoin de vous donner, comme preuve, la manière dont cette Agence anglaise a transmis chez nous, l'année dernière, la nouvelle de la victoire indéniable de la France à la cinquième assembée générale de la Société des Nations? Quelque temps après la clôture de cette cinquième assemblée, j'ai été étonné de lire, dans une des plus grandes revues chinoises paraissant en Chine, une nouvelle d'après laquelle M. Ramsay Macdonald, alors Premier Ministre de Sa Majesté Britannique, avait remporté une grande victoire à la dite assemblée générale de la S.D.N. en y faisant triompher l'arbitrage obligatoire, tandis que M. E. Herriot, alors Président du

Conseil en France, et en réalité le véritable promoteur de l'arbitrage en question, n'y était traité que comme n'ayant
fait que suivre son collègue britannique.
Voilà, Mesdames et Messieurs, un fait
arrangé à l'Anglaise ou, plus exactement,
à la Reuter, qui mérite d'être signalé à
votre attention, et sur lequel je vous
laisse le soin de conclure vous-même.

Connaissant cette manière de transmettre les nouvelles, qui est peut-être
propre aux Anglais, et spécialement à
l'Agence Reuter, nous pouvons aisément
concevoir la manière dont on a compris
et critiqué chez les nations européennes,
l'affaire de Shanghaï où les deux principaux antagonistes sont la Chine et l'Empire Britannique! Pressé par le peu de
temps dont je dispose ce soir, je n'ai au-
cunement la prétention de vous faire le
récit complet de tous les faits qui constituent cette affaire de Shanghaï du 30 mai
1925. Au contraire, il me suffit — tout en

supposant que vous n'ayez pu connaître si peu que ce soit des véritables origines de cette affaire, ni de ses vraies répercussions sur les autres points de la Chine — pour vous convaincre de la culpabilité et de la responsabilité de la police britannique dans les incidents de Shanghaï, de vous envoyer purement et simplement aux conclusions auxquelles ont abouti, non pas les enquêtes des Chinois habitant la France, ni celles des Chinois demeurant en Chine, mais les enquêtes des étrangers les plus officiels, les plus éminents et les plus autorisés qui constituent le Corps diplomatique de Pékin parmi lesquels se trouve naturellement l'honorable représentant de Sa Majesté Britannique. Eh bien, quelles furent les conclusions de l'enquête diplomatique? Mesdames et Messieurs *elles ne font, ni plus, ni moins, que rétablir la responsabilité de la police britannique de Shanghaï,* qui a massacré ou blessé, sans provocation et sans excuses, des centaines de nos jeunes compatriotes et étudiants qui manifestaient le plus pacifiquement du monde dans le seul but d'aider les ouvriers chinois qui réclamaient avec juste raison, la suppression des punitions corporelles que leur infligeaient leurs patrons et contre-maîtres japonais. Il est donc reconnu, tant du côté chinois que du côté étranger, que l'Angleterre avait tort et que la Chine avait raison; en d'autres termes, la Grande-Bretagne doit réparer le mal qu'elle a fait, tandis que notre pays doit recevoir les compensations tant légitimes que nécessaires. Mais les faits ne se sont pas passés ainsi : chose la plus incroyable et la plus curieuse du monde, le Gouvernement de Londres a rejeté les conclusions du Corps diplomatique de Pékin, contre lequel il a dressé le Conseil municipal de Shanghaï en majorité anglais, et, d'autre part, il a chargé à nouveau son Ministre à Pékin d'entraîner les représentants des autres puissances accréditées auprès du Gouvernement Chinois dans une nouvelle enquête du corps diplomatique pour faire disparaître le résultat de la première

enquête du même corps, résultat qui est,
je le répète, favorable à la Chine et défa-
vorable à la Grande-Bretagne. Voilà ce
que furent les fantaisies et les mesures
diplomatiques bien anglaises et bien britanniques qui sont vraiment inadmissi-
bles de la part de n'importe quelle nation
existant sur n'importe quel point de la
terre ! En effet, si le gouvernement de
Londres condamne la décision du corps
diplomatique de Pékin dont fait partie
son Ministre en Chine, il est logique qu'il
désavoue en même temps ce dernier en
le rappelant ou d'une autre manière quelconque. Or, le Foreign Office de Londres
non seulement n'a pas agi dans ce sens,
mais au contraire, a encouragé de nouveau son représentant en Chine à faire
une seconde enquête sur l'affaire de
Shanghaï. De plus, si le Gouvernement
Britannique ne peut sincèrement pas ap-
prouver la conclusion de la première enquête du corps diplomatique de Pékin,
comment pourra-t-il alors accepter celle
de la deuxième enquête du même corps

diplomatique de Pékin composé des mêmes personnes ? Bref, le Gouvernement de Londres, avec une mauvaise foi toute particulière, désire, ni plus ni moins, faire enterrer la responsabilité de la police anglaise de la Concession internationale de Shanghaï, responsabilité qui a été établie de la façon la plus solennelle, la plus officielle et la plus équitable par le corps diplomatique de la capitale chinoise.

Ayant vu sommairement l'affaire de Shanghaï en elle-même, examinons maintenant, si vous voulez bien, la tactique politique ou diplomatique des Grandes Puissances, notamment de l'Angleterre. La Chine fut ouverte aux étrangers à coups de canon par la Grande-Bretagne en 1842 au Traité de Nanking qui mit fin à la fameuse guerre de l'Opium entre l'Angleterre et notre pays. Etant le premier vainqueur dans le lointain Extrême-Orient, l'Empire Britannique fut naturellement plus privilégié que toute autre puissance européenne pour connaître la vaste et pacifique Chine. Il est à remarquer que toutes les fois qu'une politique a été adoptée par le gouvernement de Londres à l'égard de la Chine, elle a toujours été imitée et suivie par les autres Puissances, soit européennes, soit américaines, soit asiatiques dans leurs relations avec notre pays. Ce n'est que depuis quelques années seulement que deux ou trois puissances étrangères ont renoncé à être à la remorque de l'Angleterre dans ce domaine et ont chacune inauguré une politique nouvelle et particulière.

Dès que l'affaire de Shanghaï a éclaté, l'attitude des Puissances était assez hésitante : les unes disaient qu'elle intéressait toutes les nations étrangères, tandis que les autres étaient d'un avis différent. En réalité, l'affaire de Shanghaï était, et est encore, sino-nippo-anglaise ou plus simplement sino-britannique, puisqu'au Japon nous ne reprochons que d'avoir maltraité nos ouvriers, alors que contre l'Angleterre nous avons à formuler des griefs les plus capitaux, attendu que c'est elle qui a massacré, blessé des centaines de jeunes Chinois dans les villes *chinoises* mêmes. L'Angleterre, voyant l'indignation justifiée tant du peuple que du gouvernement chinois se diriger uniquement contre elle, adopta, d'une part, une politique d'attente, et, d'autre part, une politique de diffamation dans le but de faire triompher une politique d'encerclement général de la Chine. En effet, l'Angleterre, grâce à ses câbles télégraphiques, a fait courir, à travers le monde, les bruits les plus chimériques : l'affaire de Shanghaï n'était que le commencement de la xénophobie, du Péril Jaune et de la Bolchevisation de notre Pays! Mais, l'Angleterre, si habile soit-elle, a dû battre en retraite, elle n'a pu submerger éternellement le monde de des fausses nouvelles et de ses infâmes mensonges au détriment de la Chine. A l'heure présente, tant dans les presses étrangères que dans les milieux officiels de tous les pays du monde, on commence à s'apercevoir que c'est uniquement notre sentiment patriotique et notre dignité nationale qui se dressent contre les violences inhumaines et la sauvagerie primitive de la police britannique de la Concession internationale de Shanghaï. Que l'Angleterre, soit métropolitaine, soit coloniale comprenne que, si elle ne veut pas réparer l'injure qu'elle nous a infligée sans aucune raison valable, cette fois-ci, contrairement à ce qui s'est produit du côté de la Chine lors de la guerre de l'Opium de 1840 et de tant d'autres qui l'ont suivie, cette fois-ci ce n'est plus seulement une ville, ni une province chinoise qui auront affaire avec le Gouvernement de Sa Majesté Britannique, mais ce sera toute la population justement indignée de la grande et pacifique République Chinoise, composée de près de 500 millions de citoyens, qui se dressera derrière l'action diplomatique et militaire du Gouvernement Central de notre pays !

Quelque difficile que fût la situation dans laquelle elle se trouvait, la Chine est toujours accourue, sinon la première du moins parmi les premières, vers la lumière de la Paix du monde. Au lendemain de sa défaite militaire par le Japon en 1895, la Chine est accourue à la Première Conférence de la Paix de la Haye en 1899; peu après la fameuse expédition internationale de 1900 et 1901 contre elle toute seule, la Chine est accourue à la Seconde Conférence de la Paix de la Haye en 1907; malgré l'occupation, sans raison aucune, d'une de ses provinces les plus riches, le Chantoung, par les troupes japonaises depuis 1914, la Chine est accourue au Congrès de la Paix en 1919; en dépit des déceptions que lui a injustement réservées le Traité de Paix de Versailles de 1919, la Chine est accourue à la S. D. N. en 1920 ; pour éviter un choc sanglant entre les Etats-Unis et le Japon, la Chine est accourue à la Conférence du désarmement de Washington en 1921. La Chine a donc à la moindre circonstance fait

preuve de sa bonne volonté et de son atta-
chement éternel à la Paix internationale.
Elle n'a ni la prétention de se servir du
bolchevisme pour menacer la civilisation
du XX⁰ siècle, ni l'initiative de dresser le
monde jaune contre le monde blanc pour
conduire l'humanité à la ruine, ni l'imprudence de chasser tous ses amis étrangers
de chez elle pour se faire l'unique ennemi
du reste du monde. Au contraire, la Chine,
raisonnable de tradition et pacifique de
tout temps, ne demande qu'à travailler
jusqu'au maximum pour le bien-être de
tous les peuples du globe *à la seule condition que les autres nations la traitent
sur un pied de complète égalité.* La Chine
telle qu'elle était hier, telle qu'elle est aujourd'hui et telle qu'elle sera demain, a
été, est et sera toujours prête à marcher
la main dans la main avec toutes les puissances pacifiques et démocratiques du
monde, et spécialement avec la France
qui vient de montrer, une fois de plus,
pour la Nation Chinoise, sa vraie et sincère amitié par l'attitude de son Repré-

sentant diplomatique à Pékin, M. le comte
de Martel, le seul ministre étranger en
Chine qui ait eu le courage et la loyauté
de s'opposer à la cynique proposition britannique d'une nouvelle enquête diplomatique de l'affaire de Shanghaï. Que
M. le comte de Martel nous honore d'accepter dans le lointain Extrême-Orient,
notre hommage reconnaissant et notre
salut fraternel ! Et que la France, à laquelle nous devons une hospitalité toute
cordiale, soit assurée de la pleine et entière sympathie tant du Gouvernement
que de la population de la Chine ! Vive la
Chine ! Vive la France ! France et Chine
en lesquelles je persiste à voir les deux
éléments les plus solides, les plus sûrs et
les plus choisis de la Paix Universelle !

TCHANG TCHIAO.

LA SITUATION ACTUELLE EN EXTRÊME-ORIENT

*(Conférence faite le 10 Mars 1925 à l'Université de Paris
pour la Tribune
Internationale pour la Société des Nations).*

Mesdames et Messieurs,

C'est sous le charme du grand discours que vient de prononcer M. Henry de Jouvenel que je vais traiter devant vous de LA SITUATION ACTUELLE EN EXTREME-ORIENT. Je regrette de me séparer de lui sur la politique de remplacement du Protocole de Genève, que doivent adopter les Grandes Puissances Occidentales. M. Henry de Jouvenel a dit, si j'ai bien compris, que les grandes nations européennes comme la France et l'Angleterre sont, à l'heure actuelle, plus menacées que jamais par les masses considérables et les forces croissantes des pays de la vaste Asie; si l'Europe occidentale ne voulait pas, comme c'est le cas de l'Angleterre conservatrice, obtenir sa sécurité par le Protocole de la paix de Genève, elle devrait la trouver en faisant de la Pologne, de la Tchéco-Slovaquie et de la Roumanie une barrière solide contre une invasion possible, sous la direction moscovite, de la part des peuples de la race jaune. M. Henry de Jouvenel a, à mon sens, pris la situation un peu trop au tragique. S'il est vrai que certaines nations d'Asie commencent à s'agiter aujourd'hui, elles ne demandent qu'à vivre librement et ne réclament que l'application générale du principe du droit des peuples à disposer d'eux-mêmes, solennellement proclamé même par le Traité de Versailles, dont les principaux auteurs ne sont autres que les Grandes Puissances Européennes. D'autre part, *si l'Europe, ou tout au moins l'Europe occidentale, ne cherche sa sécurité qu'en supposant, comme adversaire, l'Asie, celle-ci sera obligée, par réciprocité et pour trouver la sienne, de voir, en l'Europe, son ennemie :* d'où un conflit en perspective entre l'Occident et l'Orient, et partant le déchirement de l'humanité. Pour ma part, le meilleur moyen de garantir un pays ou un continent contre tout danger extérieur est de garantir, à la fois et de façon égale, tous les autres pays ou tous les autres continents de la terre, car si toutes les nations sont également protégées contre tout ce qui pourrait les inquiéter, il n'y en aura plus de mécontentes, dont l'action serait susceptible de mettre les autres en danger. Et pour que tous les pays aient de telles garanties au point de vue extérieur, c'est-à-dire, répétons-le, qu'aucun d'entre eux n'ait lieu de se plaindre internationalement, il faut que chacun abandonne ce qu'il a injustement acquis aux dépens des autres, et reçoive, au contraire, les légitimes réparations matérielles ou morales qu'on lui doit. Et c'est alors qu'on pourra dire que toutes les nations, ainsi assurées de leur existence, trouveront leur vraie sécurité et que le monde vivra dans une parfaite quiétude.

Je me sens, en prenant place à cette tribune, à la fois très honoré et très ému. Très honoré, parce que j'ai l'occasion de venir parler dans une haute institution intellectuelle aussi universellement célèbre que l'Université de Paris; très ému, parce que je ne puis m'empêcher d'être quelque peu troublé en prenant la parole devant un auditoire aussi éminent que celui qui m'écoute ce soir. Cependant c'est avec un grand plaisir que je fais devant vous la conférence dont je suis chargé, car j'ai le double devoir, au moins moral, de l'accomplir en tant que Vice-Président de la Tribune Internationale pour la S. D. N. et Président du Groupement Universitaire Chinois pour la même S. D. N. Etant animé du désir absolu de ne pas trop abuser de vos instants, je me permets de ne vous exposer le sujet qui nous occupe ce soir que d'une façon très sommaire, quoique compréhensible. Afin de vous permettre de suivre plus facilement ma conférence, dont l'idée doit correspondre à celle du sujet commun de notre Tribune Internationale, LES RISQUES DES GUERRES ET LA SECURITE, il me semble bon de procéder de la manière suivante : Je vous expliquerai en premier lieu, en quoi consiste la question si délicate d'Extrême-Orient; en second lieu, je vous exposerai cette question telle qu'elle se présente depuis le commencement du XXᵉ siècle jusqu'à nos jours; en troisième lieu nous verrons comment on doit la résoudre, et enfin je concluerai.

*
* *

Voyons d'abord en quoi consiste la question de l'Extrême-Orient ?

On entend souvent, et même trop souvent, parler, tantôt de la question de l'Extrême-Orient, tantôt du problème du Pacifique. Qu'est-ce donc que tous ces problèmes, qui ont pris une place tellement importante dans la politique internationale qu'ils sont devenus aujourd'hui l'éternel tourment de tous les grands diplomates du monde ? Est-ce que le problème du Pacifique est un problème qui intéresse uniquement l'Océan Pacifique au sens strict du mot ? Non, parce que l'Océan Pacifique n'est qu'une route maritime par laquelle des navires de commerce de différentes nations cinglent **vers** une direction déterminée. En d'autres termes, l'Océan Pacifique n'est pas une fin en lui-même, mais c'est simplement un chemin qui mène à un but à atteindre. Et pense-t-on que la question de l'Extrême-Orient est une question qui regarde l'Extrême-Orient tout entier, c'est-à-dire depuis le détroit de Bering jusqu'à celui de Malacca ? Non, parce que l'Extrême-Orient est une vaste étendue de territoire dont la situation d'une notable partie est déjà définitivement réglée, et pour laquelle aucune question ne se pose aujourd'hui. Donc les dénominations, question d'Extrême-Orient ou problème du Pacifique, ne sont que pour la façade, der-

rière laquelle se retranche la véritable
question qui se compose elle-même,
d'une part, de la question de la Chine
et, d'autre part, de celle de l'émigration
japonaise aux Etats-Unis. Il est en effet
vrai que ce sera de l'une ou de l'autre
de ces deux questions qu'un conflit international pourrait à l'avenir sortir dans
l'Asie Orientale. Entre cette question de
la Chine et celle de l'émigration nipponne
dans la République Américaine, il est in-
contestable que la première a une importance de beaucoup supérieure à celle de
la seconde. La raison principale de cette
importance de la question chinoise est
que ce pays est devenu, à l'heure actuelle,
non seulement un grand débouché nécessaire à l'écoulement des produits manufacturés de certaines grandes puissances,
mais aussi un champ de matières indis-
pensables aux industries de la plupart
des nations du monde. Voilà ce que sont
en réalité la question d'Extrême-Orient
et le problème du Pacifique, c'est-à-dire

ni plus ni moins que le terme détourné de la question de la Chine et dans une certaine mesure, de celle de l'émigration japonaise dans l'Amérique septentrionale.

Examinons maintenant la question d'Extrême-Orient telle qu'elle se présente depuis le commencement du XX⁰ siècle jusqu'à nos jours.

Comme nous l'avons vu dans le chapitre précédent, le terme de la question que je vous expose ce soir, ne doit pas être celui de la question d'Extrême-Orient, puisqu'elle n'est qu'une vague formule renfermant elle-même deux véritables questions : celle de la Chine d'une part, et celle de l'émigration nipponne aux Etats-Unis de l'autre. Mais limitée par le temps, il est pratiquement impossible que ma conférence puisse s'étendre à la fois sur ces deux questions chinoise et japonaise. Je préfère, en conséquence, aborder aujourd'hui uniquement la question de la Chine dont l'importance est, ainsi que nous l'avons dit plus haut, de beaucoup supérieure à celle de l'émigration de l'Empire du Soleil Levant.

Pourquoi devons-nous faire remonter la question de Chine jusqu'au commencement du XXe siècle pour en venir jusqu'à l'heure actuelle ? Parce que c'est en regardant vers le passé que le présent est connu; et c'est en étudiant le présent que l'avenir s'éclaire. Donc, un rapide examen historique de la question chinoise nous est indispensable.

Examiner la question de Chine dans son aspect extérieur, c'est étudier la politique poursuivie dans ce pays par certaines grandes puissances. Pour bien comprendre cette politique qu'ont pratiquée certaines nations étrangères en Chine au XXe siècle, la division en cinq périodes s'impose nécessairement. D'abord la première période, qui va de 1902 à 1914, est une période dans laquelle s'est manifestée nettement l'hégémonie anglo-japonaise. Les deux grandes nations insulaires de l'Occident et de l'Orient s'entendirent sur un implicite partage d'influence aussi bien en Chine que dans l'Asie Orientale, par la conclusion de l'alliance anglo-japonaise du 30 janvier 1902. Le but principal que cherchait à atteindre cette alliance était de combattre impitoyablement la nation qui prétendrait à la suprématie en Chine en particulier et dans la région de l'Extrême-Orient en général. C'est ainsi que la Russie tzariste, en essayant de mettre en vigueur une politique de suprématie dans la Chine du nord et particulièrement en Mandchourie, fut battue en 1905 par l'Empire du Mikado, et que l'Allemagne de Guillaume II, qui poursuivait le même dessein dans l'Océan Pacifique et spécialement dans la province chinoise du Chantoung, fut éliminée en 1914 par le Japon avec la collaboration de la marine britannique.

La deuxème période qui va de 1914 à 1918 est une période pendant laquelle la supériorité exclusive du Japon se fit grandement sentir en Chine. Au mois d'août 1914, la guerre mondiale éclata. Toutes les grandes puissances européennes étaient excessivement absorbées par le conflit. Après avoir pris possession du territoire de Kiao-Tchéou à la fin de 1914, le Japon imposa au gouvernement de Pékin, en mai 1915, et sous toutes sortes de menaces, les fameuses vingt-et-une demandes qui auraient fait de la Chine une seconde Corée de l'Empire mikadonal. Contrairement à l'esprit de son alliance de 1902 avec l'Angleterre, le Japon conclut en 1916 une autre alliance avec la Russie de Nicolas II. Cette nouvelle alliance semblait à son tour un nouveau partage d'influence dans l'Asie Orientale entre Pétersbourg et Tokio. D'autre part, le Japon extorqua en 1917 au gouvernement de Washington l'accord Lansing-Ishii qui reconnaissait formellement les droits spéciaux nippons en Chine. Cette prédominance japonaise dans notre pays se maintint jusqu'en 1918, époque à laquelle la grande guerre cessa par la victoire des Puissances Alliées et Associées.

La troisième période, qui va de 1918 à 1921, mérite d'être appelée la période de l'hésitation ou plus exactement la période de l'indécision générale. Après la grande commotion de 1914, la plupart des puissances étaient, les unes, mises hors de la scène politique de l'Extrême-Orient, les autres, fatiguées par les efforts qu'elles avaient faits dans la guerre mondiale. Les nations qui restaient encore capables de prendre la direction de la politique extrême-orientale étaient le Japon, les Etats-Unis et la Grande-Bretagne. Parmi ces trois pays, la situation de l'Angleterre était des plus embarrassantes. Dans les Etats-Unis, le gouvernement de Londres voyait l'usurpateur possible de sa maîtrise des océans ; au Japon, il avait la phobie de voir échoir l'héritage de sa politique extrême-asiatique. Entre les Etats-Unis, formidable puissance nouvelle, et le Japon, enrichi par la guerre mondiale, la Grande-Bretagne était nécessairement amenée à choisir. Une partie de l'opinion britannique était pour l'entente avec le Mikado, tandis que l'autre désirait se rapprocher de l'uncle Sam. Finalement le parti américanophile l'emporta sur le nippophile. C'est dans cette atmosphère que s'ouvrit le 12 novembre 1921 la fameuse conférence de Washington.

La quatrième période allant de 1922 à janvier 1925 est une période où l'hégémonie anglo-américaine s'est trouvée face à face avec l'isolement du Japon, tant en Chine que dans l'Océan Pacifique. Après la Conférence de Washington, le lien d'alliance dut faire place au sentiment de race. L'Angleterre se sépara carrément du Japon, son allié d'hier, pour marcher la main dans la main avec sa jeune sœur du nouveau monde dans le problème du Pacifique et en particulier dans celui de la Chine. Les Etats-Unis avec le parti républicain, et la Grande-Bretagne avec le parti conservateur pratiquaient dans l'Océan Pacifique une politique, droitière par excellence, d'encerclement général du Japon en le surveillant très jalousement, l'un aux îles Sandwich, l'autre à

Singapour, dans le but de couper court à toutes velléités japonaises sur le plus grand Océan de l'univers. Le gouvernement de Washington et celui de Londres ne voulaient laisser l'ambition nipponne se développer que vers la route terrestre de la Mandchourie et de la Mongolie orientale, dans le cruel dessein d'indisposer le peuple chinois contre celui du Japon, c'est-à-dire de faire s'entre-tuer ces deux grands peuples de la même famille. Mais devant cette situation si inquiétante pour son avenir, le Japon réagit, ce qui crée une nouvelle période, la cinquième et dernière que nous examinerons ce soir. Dans cette période qui vient de commencer, nous trouvons deux faits essentiels : d'une part, le maintien de l'hégémonie de la coalition anglo-saxonne dans la région extrême-orientale, et, d'autre part, l'amélioration de la position internationale du Japon, par suite de son accord du 20 janvier dernier avec l'Union Soviétique, accord au sujet duquel M. Tchitcherine a fait, au lendemain de sa conclusion, la déclaration suivante : « Ce traité affermit la position de l'Union Soviétique en Orient et il crée pour le Japon un appui en cas de difficultés ». Nous pouvons donc en conclure que la situation actuelle en Extrême-Orient peut se résumer en deux mots : la coalition Londres-Washington, en conflit latent avec le bloc Moscou-Tokio qui est en formation et dont le choc fatal avec le premier groupe n'est probablement plus qu'une question de temps. Voilà, Mesdames et Messieurs, le véritable risque de guerre en Extrême-Orient !

Après avoir examiné ce qu'est la question de l'Extrême-Orient et ses différentes phases au cours du présent siècle, voyons maintenant comment on doit la résoudre, c'est-à-dire de quelle manière se réalisera la sécurité de la région extrême-orientale.

Comme on le voit, le prochain conflit extrême-oriental serait tôt ou tard inévitable. Les moyens les plus efficaces que nous puissions trouver pour éviter cette

guerre en perspective sont au nombre de
deux : une solution pacifique et une solution semi-pacifique. Etudions d'abord la
première : Pour résoudre une question
quelle qu'elle soit, il faut faire disparaître
avant tout sa princpale cause, car il n'y
a pas de fumée sans feu. Si nous examinons pourquoi se pose la question d'Exrême-Orient ou plus exactement la question de Chine, nous voyons que sa principale cause constituante est la mise à
exécution, à l'égard de la Chine par certaines grandes puissances étrangères,
d'exorbitantes prétentions morales ou matérielles. Il est certain, et même plus que
certain que, si ces certaines Grandes Puissances ont la sagesse de renoncer sponta-
nément à la politique des sphères d'influence dans l'extrême-Asie en ne se grou-
pant pas en blocs ou en coalitions, la paix
règnera aussi bien en Chine qu'en Extrême-Orient et dans l'Océan Pacifique.
Voilà ce que nous entendons par solution
pacifique pour éviter le prochain conflit
du Pacifique. Si, au contraire, certaines

Puissances intéressées, restant incapables
de sortir de l'étroitesse de leurs vues tra-
ditionnelles, poursuivent sans arrêt la
politique qui conduira notre humanité à
l'abîme, nous serons obligés de proposer
la seconde solution, solution semi-pacifique. Entre la coalition anglo-américaine
et le groupement russo-japonais, qui menacent de se mesurer militairement, nous
suggérons la formation d'un troisième
bloc dont le principal rôle sera celui de
balance entre eux de façon à ce que pas
plus Londres-Washington que Moscou-
Tokio n'aient l'imprudence de se faire à
l'avenir les provocateurs d'une conflagra-
tion générale en Extrême-Orient. L'exemple le plus tangible qu'on puisse trouver
à cet égard est dans l'histoire de l'Europe:
c'est celui qu'a donné l'Autriche de Metternich. Entre une Russie trop conservatrice et une France-Angleterre trop libé-
rale, Metternich a su éviter, en pratiquant
la politique de balance, une rencontre
sanglante entre ces deux tendances oppo-
sées et réussit à maintenir la Paix euro-

péenne pendant quelque quarante années. Evidemment entre la solution pacifique et celle dite semi-pacifique, la préférence doit être donnée à la première.
Mais cela dépend, dans la plus large
mesure, de la mauvaise ou de la bonne
volonté de certaines Grandes Puissances.
Que tout le monde s'assagisse et que toutes les Nations, depuis la plus petite jusqu'à la plus grande, en profitent !

J'arrive maintenant à la conclusion.

Comme on le voit, on ne peut guère être
optimiste pour l'avenir de l'Extrême-
Orient dont la situation correspond d'une
façon singulière à celle du vieux continent
européen d'avant-guerre, divisé entre
Berlin - Vienne - Rome et Paris - Pétersbourg - Londres. Si l'Europe a subi la
terrible catastrophe de 1914, l'Extrême-
Orient aura probablement toute difficulté
d'empêcher la sienne dans un temps plus
ou moins lointain. Si le devoir de main-

tenir la Paix l'exige, nous devons agir avant qu'il soit trop tard.

S'il paraît, à certains esprits, que la solidité du bloc Russie-Japon soit encore discutable, étant donnée leur entente toujours difficile dans la Chine du Nord et particulièrement en Mandchourie, il sera cependant éternellement vrai que, dès l'instant qu'il y aura à combattre à la fois les Etats-Unis et l'Angleterre, le Japon jugera toujours nécessaire d'embrasser, faute d'une autre forte nation en Asie Orientale, l'alliance de la Russie, qu'elle soit rouge ou qu'elle soit blanche, fût-ce aux prix de certaines concessions.

Bien qu'elle ait une superficie supérieure à celle de l'Europe entière et une population dix fois plus nombreuse que celle d'un grand pays comme la France, la Chine, et surtout son idéal humain et pacifique, est trop souvent mal comprise à l'étranger. Récemment encore, on l'accusait, dans une partie de la presse européenne, d'aller se joindre à la coalition russo-japonaise pour faire poids à l'excessive influence de la race blanche et réaliser ce qu'on appelle ici le « Péril Jaune ». Tous ces bruits ne sont que de purs mensonges et ne reposent sur aucun fondement. La Chine, telle qu'elle se présente au point de vue international, ne sait toujours rien autre chose que se considérer comme le plus fidèle membre de la Société des Nations. Le Peuple Chinois donne son cœur à son amour, et donne son amour à la Liberté, à l'Egalité et à la Fraternité !

TCHANG TCHIAO.

Table des matières

INTRODUCTION 5

I

TCHENG LOH, Ministre de Chine à Paris :
Lettre 15

WANG KING KY, Ministre de Chine à
Bruxelles : *La Chine et ses traîtres*.... 18

OUANG HANG, Délégué du Ministère des
Communications de Chine auprès de la
S. D. N. : *Le mouvement des Boxers en
Chine et ses causes principales*....... 33

RAYMOND Y. C. OUANG : *Les négociations officielles sur les événements de
Shanghaï du 30 mai 1925*.............. 58

SIAO WEN-SHI : *La Conférence douanière de Pékin*........................ 103

SAOFONG WOU : *La vie politique et
sociale du peuple chinois*........... 119

TSE-TSUEN LIANG : *Le caractère du
Chinois* 138

YANG KON TA : *Le réveil de la conscience nationale en Chine*.......... 146

J. SIGURET : *La France et les derniers
événements de Chine*................. 154

II

WANG KING KY, Ministre de Chine à Bruxelles : *Discours prononcé à la Fête Nationale chinoise à Bruxelles*........ 193

Dr SCIE TON FA : *Les événements de Shanghaï et les causes profondes du mécontentement général du peuple chinois (Conférence faite à la Cour de Cassation)* 202

TCHANG TCHIAO : *Les incidents de Shanghaï et la politique des Grandes Puissances (Conférence faite à la Fête Nationale chinoise à Paris)*........... 252

TCHANG TCHIAO : *La situation actuelle en Extrême-Orient (Conférence faite à l'Université de Paris)*.................. 267